オフィスワークの
効率化・活性化・創造化
BOOKS

チームで取り組む問題解決の考え方・すすめ方

組織全体を巻き込んで
現状打破する方法論

(社)中部産業連盟 主席コンサルタント　福山穣［著］

Solving Problem

実務教育出版

はじめに

　あなたは、問題解決の"蟻地獄"から抜け出せていないのではないか。まだ問題点と原因に振り回されているのではないか。あえていうなら、問題は原因がわからなくても、解決できる（ことが多い）。

　企業をはじめとする各種の組織には、さまざまな「問題」が存在する。大は20年後を目指した企業戦略構築から、小は日常直面する各種のトラブルの解決まで、また管理・間接部門から販売・生産の直接部門まで幅広く、根強く問題が存在する。このような問題をどのように発見し、（再）定義し、解決策を見つけ出し、解決策を推進するのか、すなわち「問題解決」全般について、本書では可能なかぎり具体的かつ実践的に記述してみたい。

　1980年代までは、TQC・TQM活動の枠組みのなかで、問題解決への共通認識や解決方法の共有化がなされていた。問題の定義づけから、手法の習得までが可能なようなしかけがあった。それ以降のバブル経済、そしてその崩壊後のデフレ期に、これらのしくみが破壊されてしまった。むしろ東南アジアの国々において、依然、問題解決への熱心な取り組みが残っているといえる。

　筆者はマネジメント・コンサルタントとして、このテーマすなわち「問題解決」について、研修会やコンサルテーションという形式で20年以上、第一線にあって、問題の設定や解決に直面してきた。この経験からすると、企業や各種の組織が、組織的に問題解決するしくみ（システム）を持っておらず、また問題解決にあたるべき要員を育成することを忘れてしまっていることを痛切に感じる。

　個々人は、かなり優秀な問題解決者であるにもかかわらず、部署全体ではそうでなく、全社（組織全体）的にそうなっていない。眼前の問題解決には名手であっても、将来の課題を解決しようとしていない。一部

は熱心でも、職場全員で問題解決するための共通の手法やツールを持っていない。せっかく良いアイデアを出しても、それが実行されない、等々である。

このような問題意識から、本書では、「チームとして」問題解決を推進するための盛り沢山のヒントを紹介したいと考える。しかも、それがたんなる紹介ではなく、受容・定着できるようなレベルまでを想定する。

本書の核は、個人による、個人のための個人の問題解決というより、組織全体が取り組むべき問題解決、すなわち大きな問題が解決するようなしくみ、しかけについて真正面から取り組んでみたいのである。個人の問題、グループ（課・係というような部署程度）の問題そして全社的な問題の3区分のうち、より後者を対象に本書をまとめあげたい。

筆者の所属する社団法人中部産業連盟（以下、中産連と略）では、これをCompany-Wide（全社的）な問題解決と呼んでいる。この種の問題解決には、グループや組織全体レベルの構成員の能力だけではなく、組織的な対応が可能かどうかが重要である。そして個々人の能力以上にコミュニケーションが重要といえる。

問題をうまく解決するには、問題に直面する自分自身あるいは組織の全員が悩みながら、自分あるいは自分たちで問題に挑戦し、解決していくしかないといえる。他社の成功事例を「そのまま」採用すれば、問題解決できると考えるのは、大まちがいである。他でうまくいったものを、そのまま採用することは、本質的な問題解決にはならない。

職場の問題解決をすすめるにあたっては、職場全員が問題解決の必要性を感じることが重要である。本書では、この永遠の課題を、明快に解決しうるいくつかのヒントを示すが、読者の皆さまには、問題解決活動に全員を積極的にかかわらせるようなしかけを、ぜひご検討いただきたいと思う。そんな問題解決の必要性を理解している職場の雰囲気づくりだけが、真に問題を解決する。

「問題」とはけっして困りごとではない。困りごとは、「発生型の問題」である。これに対して、トラブルが起きたわけではないが、将来を見定

め、いずれ問題化するような「設定型の問題」も本書の重要な対象である。これらの問題の解決については、ほぼ「要因追究型」の問題解決と「ビジョン（＝あるべき姿）設定型」の問題解決に対応する。問題区分と問題解決区分の対応に留意していただきたい。

　困りごとは、解決するべき問題の一部ではある。しかし現時点で火事になっていなくても、将来への火種となりうるものは、むしろずっと大きな問題といえ、この種の問題解決は、要因追究型の問題解決とは別のビジョン設定型の問題解決アプローチを採る必要がある。残念ながら、えてして前者の解決名人は後者の問題の解決名人ではない。

　いったん解決したつもりの問題がすぐに再発するのは、問題解決できたのは、問題の表面だけであったためである。問題解決するべきなのは、問題の核つまり本質なのである。要因追究型の問題解決は、原因をその核、本質、真因のレベルまで徹底的に遡及する。ビジョン設定型の問題解決は、問題の「設定」から始まり、「真の問題」を設定すること、根底に横たわる本質的な阻害要因を明確にして、その解決策案を創出することによってのみ、問題解決が完結するといえる。

　上記のような問題解決のカギは、二律共存・両立の世界のみに存在する。

　このような意図のもと、本書は執筆されたが、完成までには約２年の歳月を要した。本来、執筆は複数でなされる予定であったが、各種の背景から、福山個人によるものとなった。しかし根底には、中産連の各種の研修会やコンサルテーションにおける問題解決の歴史が積み重なっているとお考えいただきたい。とくに外国人研修員に対する問題解決を長く担当する株式会社リーム中産連の高仲顕、岩山宏、村田識行の諸先輩には、各種の問題解決の考え方やヒントをいただけた。この場を借りて、お礼申しあげます。

　同時に、コンサルテーションや研修会をとおして、現実の問題解決の場を提供していただいた多くの企業や各種の組織の皆さまにも、厚く感

謝いたします。場の提供に対してお礼申しあげるだけでなく、今後も、各種の問題解決へ最善をつくすことを表明するものです。また、完成まで長期間お待たせした実務教育出版 編集部 島田哲司課長にも、度重なる執筆遅れを心からお詫びします。

　現実の世界では、中産連の竹内弘之副会長待遇専務理事に「組織経営」「事業運営」という観点から、筆者はたえず問題解決の機会を与えられており、これは勉強の機会と理解し、改めて感謝を申しあげる次第である。残念なのは、コンサルテーションや研修会の第一線で長年、たえず筆者にヒントを投げかけ、鍛えてくれた安達勉が昨年死去したことである。まだまだ、安達さんの域には達していないことを正直に申しあげます。

　各企業の方々をはじめ、先輩・同僚のコンサルタントには、さまざまな心配をかけながら、ようやく脱稿でき、内容が仮に十分ではないとしても、肩の荷を少し軽くした気持ちが、今日の実感です。子どもが学校をようやく卒業するような気持ちであることをつけ加えます。

　　2007年早春

　　　　　　　　　　　　　　　中産連　主席コンサルタント　福山　穣

チームで取り組む 問題解決の考え方・すすめ方──目次

はじめに　i

1　あなたはまだ、問題を解決していない！
　──チームに変化を起こすために必要なこと──

- **0101**　Problems are made, not born.　2
  - ・問題解決の本質がここにある
- **0102**　問題が本質的に解決されないのはなぜか　4
  - ・真因を追究できていないから再発・多発する
- **0103**　問題解決後の状態をイメージする　6
  - ・とりあえずの結論でお茶を濁さない
- **0104**　「変化させよう」という行動に至る回路　8
  - ・問題意識が生じ、適正な比較がなされる
- **0105**　「新たな問題」と格闘する準備を　10
  - ・従来のやり方だけに固執する組織に未来はない
- **0106**　しくみづくりと人づくりの大切さ　12
  - ・両輪がうまくかみ合って問題解決回路が動く
- **0107**　組織の5系統のバランスをとる　14
  - ・人材育成、問題解決につながる視点
- **0108**　インプットとアウトプットの評価を　16
  - 問題解決に何をつぎ込み、何を産出するか
- **0109**　問題の大きさのレベルはさまざま　18
  - ・個人の能力だけでは処理できないことも
- **0110**　二分法による問題解決の克服　20
  - ・二律背反から「両立」、「共存」へ

2　問題「解決」を研究するから、問題が解決しない
　──真正面から問題と向き合う──

- **0201**　まず、「問題」を自ら定義せよ　24
  - ・場当たり的な対処で終わらせないために

0202	「あるべき姿」を明確にすればよい	26
	・希薄な当事者意識が問題を隠す	
0203	「効・活・創」の3側面から考える	28
	・3側面で異なる問題設定	
0204	「自らの課題」に取り組む	30
	・全員横一線で目前の課題に取り組まない	
0205	維持する課題と改善・革新する課題に二分する	32
	・レベルアップしたものは確実に守る	
0206	「結果オーライ」は、つぎの失敗に結びつく	34
	・問題解決はプロセス重視で	
0207	トップは戦略構築、ミドルは採算確保から	36
	・採算確保と戦略構築の関係	
0208	「この仕事は誰の担当か」を明確に	38
	・フラット化する組織と業務の問題	
0209	ルールから問題を明らかにする	40
	・ルールと実態の乖離	
0210	リスク管理から問題を明らかにする	42
	・何かが起きてしまってからでは、遅い	

3 問題解決のABC
――組織全体を巻き込んで――

0301	他社の事例は参考程度に考える	46
	・そのまま導入してもうまくいかない	
0302	職場全体に問題解決への熱意を	48
	・"温度差"を埋める工夫が必要	
0303	何度も同じ問題が再発するのか	50
	・表面をなぞるだけでは何も解決できない	
0304	期待や願望のレベルをはっきりさせる	52
	・「これまでのまま」では不十分	
0305	「これだけはやりとげる」というものを	54
	・後戻りせず、定着・確立をめざす	

	0306	前後の流れを考える	56
		・時間軸でものを見る大切さ	
	0307	「行動語」で説明すること	58
		・抽象的な「方針語」では動けない	
	0308	組織内で問題解決を横展開していく	60
		・解決のプロセスを伝授	
	0309	即改善できなければ、生き残れない	62
		・問題解決は改善＋変革の繰り返し	
	0310	ジャストインタイムの精神で問題解決を	64
		・"ドタバタ主義"から脱却せよ	

4 日常管理を徹底すれば、問題は自ずと解決する
―― 職場メンバーの役割を明確に ――

	0401	「PDCAのサークル」が仕事の基本	68
		・確実に回せば、問題は自然に解決する	
	0402	実施した仕事を検討し、次の手を打つ	70
		・標準化するか、対策を講じるか	
	0403	5W2Hを考えて仕事にとりかかる	72
		・"Why"で始まり"How much"で終わる	
	0404	職場全員でPDCAサークルを回す	74
		・上司と部下の協働が重要	
	0405	問題解決には複数の視点が必要	76
		・ただ解決すればいいというわけではない	
	0406	大きく変わってきたコストの考え方	78
		・"最初に市場価格ありき"の時代に	
	0407	すべて一緒に着手せず優先順位をつける	80
		・忙しさから脱却する基本	
	0408	問題解決もコミュニケーションあってこそ	82
		・伝え、伝わってきているか	
	0409	権限や役割に隙間をつくらない	84
		・日常管理にモレや重複がでるのを防ぐために	

| 0410 | 日常管理とプロジェクトマネジメント | 86 |

・仕事そのものに大きな違いはない

5 「要因追究型」で問題解決する
―― 現状の把握から問題解決は始まる ――

| 0501 | 問題解決の基礎となる3つのステージ | 90 |

・現状把握、解決案の作成、変革推進

| 0502 | 現状をつかまずには問題は解決できない | 92 |

・"悪くなる原因"を徹底して明らかに

| 0503 | アイデアをだしあって解決案をまとめる | 94 |

・4つの手順を繰り返し、ベストなものを

| 0504 | 解決案を作成したら、熟慮断行あるのみ | 96 |

・問題解決の支援組織づくりの必要性

| 0505 | 逸脱タイプの問題と未達タイプの問題 | 98 |

・発生型の問題設定は両側面から

| 0506 | ムダ・ムラ・ムリの発見で問題設定する | 100 |

・見ているようで見ていない、気づいていない

| 0507 | 報告を鵜呑みにせず事実を把握する | 102 |

・問題解決のカギは現地・現物にあり

| 0508 | 問題点を系統図で絞り込む | 104 |

・真因を追究できなければ時間がムダになる

| 0509 | 必達、見込み、願望から適切な目標値を | 106 |

・高すぎず、低すぎずの目標設定を

| 0510 | 発生型の問題の解決案作成手法 | 108 |

・最も一般的な「ECRS」の活用を

6 「ビジョン設定型」で問題解決する
―― 将来像を描くことから問題解決は始まる ――

| 0601 | ビジョン設定型の問題解決とは | 112 |

・レベルアップ型と中長期型

| 0602 | 到達地点の明確化からスタート | 114 |

・演繹的な考え方で問題を解決

| 0603 | 到達目標は状態表現する | 116 |

・将来像をイメージと数値目標で描く

| 0604 | 「〜がある」と阻害要因を定義する | 118 |

・見えにくい阻害要因を見える存在にする

| 0605 | 阻害要因から本質的問題の明確化へ | 120 |

・打破するべきは本質的な問題

| 0606 | 本質的問題を撃破する打破策の策定 | 122 |

・あるべき状態と到達策の整合化

| 0607 | 戦略について組織内共通の認識を持つ | 124 |

・戦術や戦闘とのちがいも明確に

| 0608 | 問題解決における思い込みを排除する | 126 |

・問題解決に求められるバランス感覚

| 0609 | 演繹的な見方と帰納的な見方の連携を | 128 |

・あるべき姿とコツコツ型の両面から

| 0610 | ビジョン設定型で変化を実現する | 130 |

・VICTOR手法の留意点

7 問題の発見・設定から現状打破はスタートする
——あるべき姿と現状との差はこうつかむ——

| 0701 | 問題解決は、問題の発見・設定から | 134 |

・さまざまな問題解決のパターン

| 0702 | グランドデザインを明らかにする | 136 |

・問題解決後の姿をことばや絵で表現

| 0703 | 何を期待されているのかをつかむ | 138 |

・全地球的な規模での視点も忘れずに

| 0704 | 「なぜか」を問いかけることが出発点 | 140 |

・「なぜ」と目的から始める

| 0705 | 「ショック」から問題を発見・設定する | 142 |

・内容をメモして再点検

| 0706 | 理想を描き、現実を知って問題形成を | 144 |

・求められる複眼思考

0707	問題の底には、問題点が隠れている	146
	・理想と現状の格差を生み出す根源	
0708	正解が1つという問題はない	148
	・最適解創出型の問題解決風土とは	
0709	問題の設定は繰り返すべきもの	150
	・会社をとりまく環境はつねに変化する	
0710	理想と現実の小さな差を見逃さない	152
	・問題解決を容易にするために	

8 問題解決を推進する組織づくり
――展開のキーとなる事務局の役割と仕事――

0801	問題解決は"米づくり"のイメージで	156
	・一朝一夕に成果は収穫できない	
0802	問題解決の主体をハッキリさせる	158
	・個人か、グループか、組織全体か	
0803	最初に活動計画をハッキリさせる	160
	・全員で日程についての共通認識を	
0804	活動の中間でチェックすること	162
	・報告書を鵜呑みにせず、現場に足を運ぶ	
0805	現場の活動を支援する事務局の役割	164
	・全社的な雰囲気づくりも大きな仕事	
0806	個人から集団的な問題解決へ	166
	・戦後の日本企業が成功した源泉	
0807	共通の手法・技法を習得させる	168
	・行動にむすびつくまで、徹底的に教育・訓練	
0808	活動の評価にあたっての留意点	170
	・小手先のプレゼンに騙されない眼力を	
0809	「オレの責任ではない」をどう変えるか	172
	・「われわれの仕事」という意識付けを	
0810	問題解決チームの人数編成は柔軟に	174
	・多すぎても、少なすぎても困る	

9 問題解決できる人材づくり
――各階層に今求められているもの――

- **0901** 問題解決の担い手づくりは急務 … 178
  - ・考えながら行動できる"考動"型人材を
- **0902** 一人前になるまで現場で徹底した訓練を … 180
  - ・増えてきた中途半端な中堅層
- **0903** 自らそして人を使い問題解決する … 182
  - ・35歳前後からの監督職級への期待
- **0904** 部門の「間」、「際」の問題解決者に … 184
  - ・経営者感覚を持つ管理職級へ
- **0905** 機能別の部門代表ではないという自覚を … 186
  - ・中長期的な視点が不可欠な役員級
- **0906** 問題解決を特定層に止めない … 188
  - ・経営者感覚なくして、問題解決なし
- **0907** 問題解決に直面することが成長のバネになる … 190
  - ・問題解決に悪戦苦闘する時期の必要性
- **0908** 問題解決の経験を社内で語り継ぐ大切さ … 192
  - ・1～2日の教育でスキルは会得できない
- **0909** 現実と格闘し学ぶべきは、むしろ管理職 … 194
  - ・日本的小集団活動の光と影
- **0910** 求められる新たな能力開発 … 196
  - ・時代の急速な変化に対応する人づくり

10 二律共存・両立で問題を解く
――チームで知恵をだし合える組織風土づくりを――

- **1001** 二律を共存・両立させ、真の問題解決を … 200
  - ・新たな問題解決への出発
- **1002** 2つの側面の対比で問題解決を考える … 202
  - ・ただし、その両者は連続している
- **1003** 自己管理と当事者意識が問題を解決する … 204
  - ・ドラッカーの古典から学ぶ

1004	「あなたの問題」は「会社全体の問題」	206
	・問題の共有化が"全員経営"をすすめる	
1005	平均的な社員の動機づけを	208
	・特別な層だけが問題解決者ではない	
1006	3種類の問題解決を再確認する	210
	・日常管理型、要因追究型、ビジョン設定型	
1007	「3人寄れば文殊の知恵」の実現へ	212
	・1人の天才に頼らず、集団創造で	
1008	"Do more with less"から「活創」へ	214
	・新たなる問題解決の始まり	
1009	問題を提起しつづけることの重要性	216
	・設定や定義のなかに解決の本質がある	
1010	自分を知り、問題を見つけ、解決する	218
	・新しい時代への対応が求められるなかで	
索引		220

装幀――兵頭デザイン事務所
本文組版＆図版作成――㈱タイプ アンド たいぽ

1 あなたはまだ、問題を解決していない！

● チームに変化を起こすために必要なこと ●

> 「問題解決」とは何かを、幅広くこの章では考えてみよう。
> 企業や各種の組織には、数多くの問題が存在する。問題解決に成功したといっても、その対象は「発生型」の問題だけであることが多い。「設定型」の問題も存在するわけで、それを解決できたわけではない。
> 設定型の問題とは、トラブルが起きたわけではないが、自分たちの理想からはまだ開きがあり、レベルアップを継続しなければならないような問題の解決を指す。

Problems are made, not born.

・・・・・・・・・・ 問題解決の本質がここにある ・・・・・・・・・・

問題の区分

> 問題に「直面する」当事者が、手探りで新しい価値観やパラダイムを創造するプロセスといえる。とりまく環境のきびしい変化をよく把握して、最適解を模索し、困難な状況を打開することが期待される。

	象限IV（潜在既知）	象限III（潜在未知）
設定型（創造・発見する）問題	旧パラダイム存在 解決モデル存在・探索 例：解決済トラブルとの類似のトラブルを予防する	パラダイム創造 解決モデル不在・策定 例：中長期でトラブルの予防体制をつくる
発生型（与えられる）問題	象限I（顕在既知） 旧パラダイム依存 解決モデル存在 例：解決済のトラブルが別の場所で発生し、解決する	象限II（顕在未知） パラダイム転換 解決モデル不在・探究 例：新しい種類のトラブルが発生し、それを解決する

←わかっている　　◀解決方法▶　　わかりにくい→
　１つ（完結型）　　◀解　　答▶　　複数（最適解創出型）

※縦・横の区分はきれいに２分されるのではなく、説明用に分類した。実態は３区分程度に分ける方が、より適切な場合もある。

マーケティングの分野には、"Customers are made, not born." という箴言がある。見出しの表現は、これをもじったものである。顧客は、待っていても自然に生まれるのではない。同様に、問題はある日突然眼の前に現れてから対応するのでは遅い。現在トラブルがあるわけではないが、将来を見越しての問題解決が問われている。これが「**問題は生まれるのではなく、つくられる**」ということである。

本書のテーマは「問題解決」だが、発生型の問題だけに焦点を合わせたものではない。むしろ、いまだ発生していない、将来を予見・予測して先行して対応するような設定型の問題こそが本書の主眼である。

現実は、眼前の問題の解決、すなわち対処に追われ、将来を予測しながら手を打つなどという次元ではないのが正直なところだろう。たしかに今日や明日がなければ、3年後、5年後そして10年後もないわけで、目の前にぶらさがる困難の打開こそが重要という考え方がまったく否定されるわけではない。

われわれは現在の諸問題を解決しながら、将来を展望しつつ明日の問題を予見・予測し、その解決を図っていってこそ、10年後の明るい未来が約束される。1980年代後半のバブル経済の時代、将来はこの延長線上にバラ色で続くと日本人の大多数は考えていたのだろうか。現実のわれわれは、将来より今日、それどころか昨日の問題に振り回されつつ、毎日あくせくしながら、やたら時間を浪費しているのが実態だ。

本書は現在の問題、たとえば発生したクレイムやトラブル対応だけでなく、将来の問題、つまり現在は目に見えない問題まで解決する方法やヒントを体系的にとりあげようとするものである。**"今日の問題"** が解決できたからといって、「**あなたはまだ、問題を解決できたわけではない**」のだ。

左ページの図に示した象限Ⅰだけではなく、他の3つの象限の問題を解決してこそ、あなたはやっと問題解決に成功したといえるのである。顕在既知の問題解決に期待されるのは、効率の問題である。より短時間に、より経営資源を節減しながら問題を解決していくことである。しかし、他の象限の問題解決に問われるのは別の種類のものである。

問題が本質的に解決されないのはなぜか

•••••• 真因を追究できていないから再発・多発する ••••••

いつも（毎度）の解決策は効果がない　1

条件反射パターン

現象 → 対策

あるべき対応

現象 → 原因 → 真因 → 解決策

いつも（毎度）の解決策は効果がない　2

現状（対策重点、後工程中心）
- 何もしない
- 予算を増やす

予算が足らない

- 予算の使い方が悪い
- 計画が甘い

あるべき姿（準備・段取り・原因重点）

発生型の問題（前項図の象限ⅠとⅡ）、とくに象限Ⅰの問題が、なかなかなくならない。あなたは、やはり問題解決できていないのである。発生型の問題は本来、これまでの経験や前例をうまく反映させれば、簡単に解決できる種類の問題といえる。それが解決できないのは、問題解決の技術・技能が継承されていなかったり、技術・技能を持っている担当者が手を抜いてしまったりするからである。

　しかし、この手の問題が本質的に解決できないのは、問題解決者が、あらかじめ用意している「対策」に固執するためである。**ある種の問題が発生すると、すぐ反射的にいつものパターンで反応してしまう。**ときに当人ですら、それで効果があるとは思っていないのに、とりあえずの対処で誤魔化しているだけなのである。

　解決策（代替案）は、問題を解決するための"仮の決定"にすぎない。いつもワンパターンの対応で正解になるとはいえない。解決策の効果をよく把握し、評価していく必要があり、"一時しのぎ"のいつもの対策が正解とはいえないことが結構多いのである。

　海外の日系企業の現地マネジャーに「自分の職場の問題を定義しなさい」と指示すると、「解決策も含めてですか」という質問をよく受ける。これは、TQC・TQMなどの諸活動をとおし、日本人上司が部下に対し、問題と対策をワンセットで問いかけている証拠といえるだろう。上司からすぐに対策を求められると、反射的にワンパターンの答えを出してしまうのである。

　どのような対応が期待されるかというと、まずは現状を把握する。なぜそのような現象が生じるのか、事実ベースで現象をつかみ、なぜそのような現象が生じたのかの原因から真因を追究し、その真因を打破できる解決策を講ずる。これが**期待される問題解決のステップ**といえる。

　しかし、解決までにはいくつかの落とし穴がある。――事実をつかまずに、いつもの対策をとろうとする。現場へ行って、現物に触れ、現実をつかむようなステップを踏まない。解決策がワンパターン。解決策の立案はできても、それを実行する段階でいいかげんに終わる。

　このような状態で問題解決が図られるはずがないのである。

問題解決後の状態をイメージする

・・・・・・・とりあえずの結論でお茶を濁さない・・・・・・・

ビジョンとは到達地点のこと

> ビジョン＝状態
> 　　　　≠手段あるいは方策

県道から約70m上った小高い山の中腹に、老夫婦が住んでいる。
家までは、「けもの道」のような人がやっと通ることのできる小道があるだけだった（下図の左側）。
これでは老夫婦が不便だろうと、自治体は、車の通れる道を敷設した（下図の右側）。

その結果、この老夫婦は喜んだと思いますか？

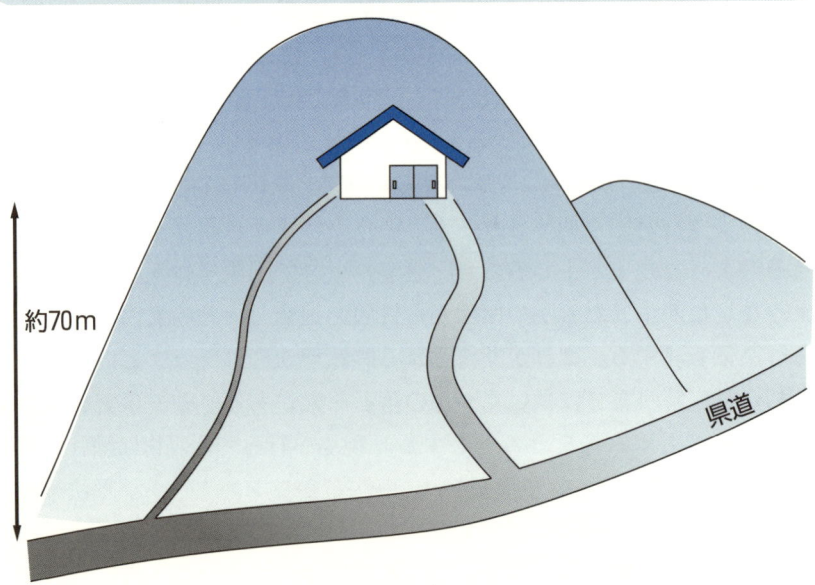

0101項に示した象限Ⅲ(潜在未知)や象限Ⅳ(潜在既知)の設定型の問題を解くには、問題解決後の状態をイメージできることが必要である。これを「状態表現」という。状態表現は、到達地点といいかえてもよい。問題を解決した後、どのような状態になっていればよいのかを口でいい表したり、絵(図)で書けることが問われているのである。

　しかし現実は、イメージを描かずに、反射的に対応策(対策)をとってしまうことが多い。到達地点を明確にせずに、代替案を現実に移す。結果として手段は実施されるものの、期待したような結果につながらない。

　左ページに紹介してある例は、10年以上前、筆者が実際に見、聞きした話である。その日筆者は某県職員が運転する車に乗っていたが、県庁所在地から1時間ほど走った山岳地帯を通りかかると、県道沿いの小高い山の中腹に廃屋が見えた。事情は左ページに解説したとおりだが、自治体が車の通る道を敷設したとたん、この老夫婦は町に住む子どもを頼って、家財道具をまとめて移転してしまったというのである。

　道路の建設という手段ではなく、道路が完成した後、どのような暮らしを老夫婦がしているのかを描くことが先である。もし話を聞いて、彼らが将来町に出ることを本音では願っているなら、自治体の解決策は道路の建設ではなく、引越し費用を補助することである。そうすれば、建設費ウン億円が30万円ですんだというのが、県職員の話であった。

　やはり山の多い他県でこの話をすると、「そんな話はよくあります」と、思わぬ反響を聞いた。この場合も「あなたは、問題解決していない」ことになる。このようなパターンは、どのような組織にもある。われわれは「こうなっていたい」、「こうあるべきだ」というような将来像を描かず、とりあえずの結論を出してお茶を濁しているだけなのだ。このような問題解決のパターンは、けっして現状を打開せず、むしろ余分な費用の追加投資だけに終わるのは自明である。

　あるべき姿の設定は「ビジョンづくり」といい換えることができる。ビジョンを描いて、その状態の実現のために、障害となる問題の解決策を考えるのである。

「変化させよう」という行動に至る回路

●●●●●●●問題意識が生じ、適正な比較がなされる●●●●●●●

行動変革の回路

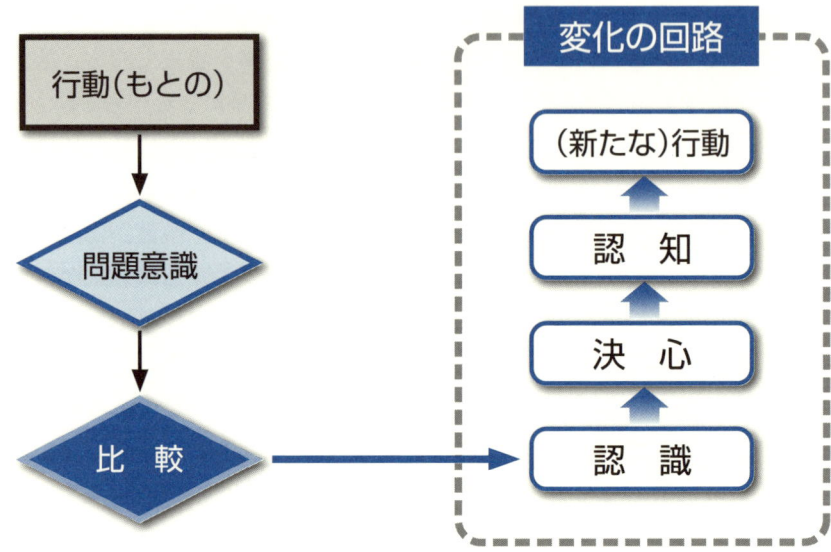

2者の相互作用が変化を生む

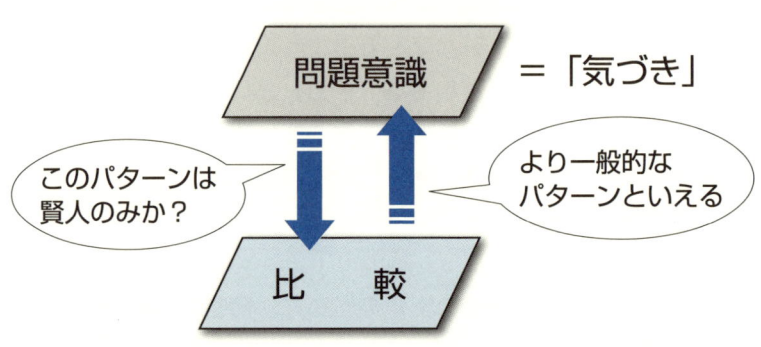

われわれの日常とる行動は、問題意識が欠如していたり、他と適切な比較がなされないと変化しない。その結果、現状の行動のままとなり、問題はけっして解決しない。

　行動が変化するには、まず「気づき」が必要である。これまでの行動に何らかの問題意識を持つとき、変化の可能性が生じる。「このままでよいのか」と、自分の行動は人間として、よき社会人・地球人として「これでよいのか」というような気づきから変化の可能性が生まれる。

　問題意識が生じた後は、今度は適切な「比較」がなされる必要がある。そのためには、「現在の行動は、これでよいのか」と判断する比較対象が適切に選びだされることが必要である。他との差やちがいはけっして大きくない。小さなちがいを理解できてこそ、変化させることができる。

　変化の回路は、「認識」、「決心」、「認知」そして「（新たな）行動」という４つの流れである。問題意識を持ち、正しい比較の機会があって、初めて問題点やその原因を認識し、変化させようと決心し、さらにそれを「腹に落とし」（これを「認知」という）、変化させた行動をとることになる。こうして初めて、新たな行動につながる。

　往々にしてわれわれ凡人は、どこかで言い訳をして、変化することから逃げてしまう。問題意識が醸成されにくい雰囲気があったり、正しい比較の機会が提供されなかったり、社内や足元だけしか考えずにいると、結果的に現状肯定に終わるのである。そして現状は何も変わらず、問題は残されたままとなる。

　現状に問題意識を持つ人はそう多くはない。むしろ少数である。**「問題意識を持つのは、限られた賢人だけ」**というのが筆者の持論である。だから、変化の回路にたどり着くまでが重要である。**正しい比較と問題意識は相互作用の関係にあるともいえる。**適切な比較をするから問題意識を持つ、問題意識があるから正しく比較できる、といったことの繰り返しのような気がするのであるが、いかがであろうか。

　問題は自然に解決しない。問題意識から、比較がなされ、問題点が認識され、変化の行動がとられて初めて問題は解決されるのである。

「新たな問題」と格闘する準備を

●●●●● 従来のやり方だけに固執する組織に未来はない ●●●●●

新しいしくみへの移行　なぜ進まないのか？

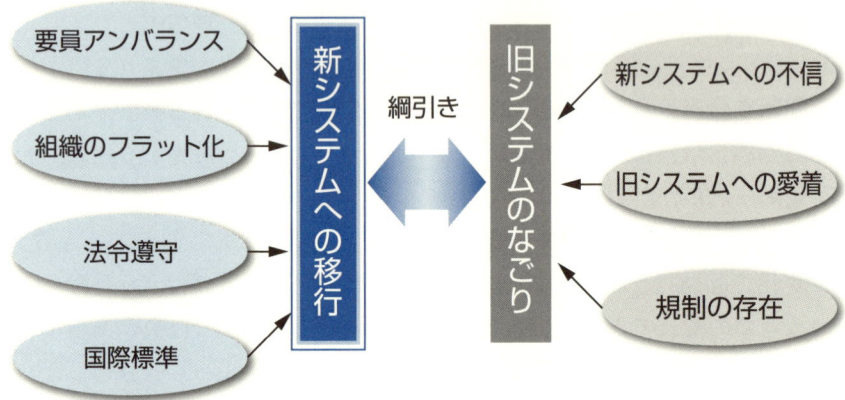

コンプライアンス、ガバナンス、CSR、SOX、内部統制???

人材の対象は？

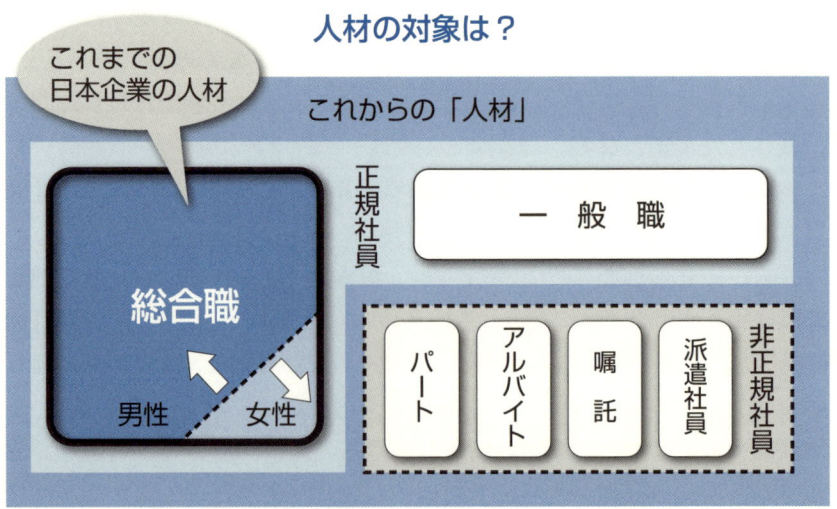

問題解決をうまくすすめて、新しいシステムに移行しよう、移行しなければならないという要請はかなり強い。にもかかわらず、現実はそうでない。そうできない理由は簡単だ。従来のやり方、新しいやり方それぞれに"応援団"がついていて、その綱引きになかなか決着がつかないからである。両者はがっぷり組んで、膠着状態にある。

　1つの例をあげる。日本の多くの企業では、いま法令遵守が問われている。しかしその精神は理解されていても、現実にはなかなかすすまない。一方で国際標準のような考え方があり、会計基準をはじめとする多くの分野で、世界共通の考え方や方式が望まれている。他方、それらに対する不信や不安も根強い。「コンプライアンス」や「ガバナンス」というようなカタカナ語へのアレルギーもあるし、まして「日本版SOX」など英語まじりのことばすら使われ、何がなんだかわからない、となる。

　だが、こうした新しい流れに逆らうことが不可能なことは、現実を考えればおのずと理解できるはずである。新しい考え方ややり方、そして新しいシステムへ移行するための最大の応援団は、要員不足や要員の質的な変化である。正直な話、かつての企業は総合職に頑張ってもらえば、それでこと足りた。女性を主力とする一般職やその他の人材は、"刺身のつま"のような存在であった、といえる。定年後の嘱託社員やパートのような非正規社員への期待など、かつてはさらさらなかった。

　だが現在は様変わりした。すでに新規学卒者は団塊世代の半分しかおらず、それなりの景気上昇を背景とする採用状況を考えるなら、企業は非正規社員に頼らざるをえない状況になっている。そのうちの派遣社員の半数程度は外国人というのが実態である。このような状況は、もう10年以上前から、場合によっては20年以前から、サービス産業などの非製造業ではあたりまえであったともいえる。

　現実は確実に変化している。問題解決についても、まったく同じである。これまでの発生型の問題だけに焦点を合せていても、企業に明日はない。**いま見えなくとも将来発生する、また直面するであろう「新たな問題」との格闘の準備なしに、企業に未来はないのである。**

しくみづくりと人づくりの大切さ

●●●●●● 両輪がうまくかみ合って問題解決回路が動く ●●●●●●

問題解決にはしくみづくりと人づくりを連携させる

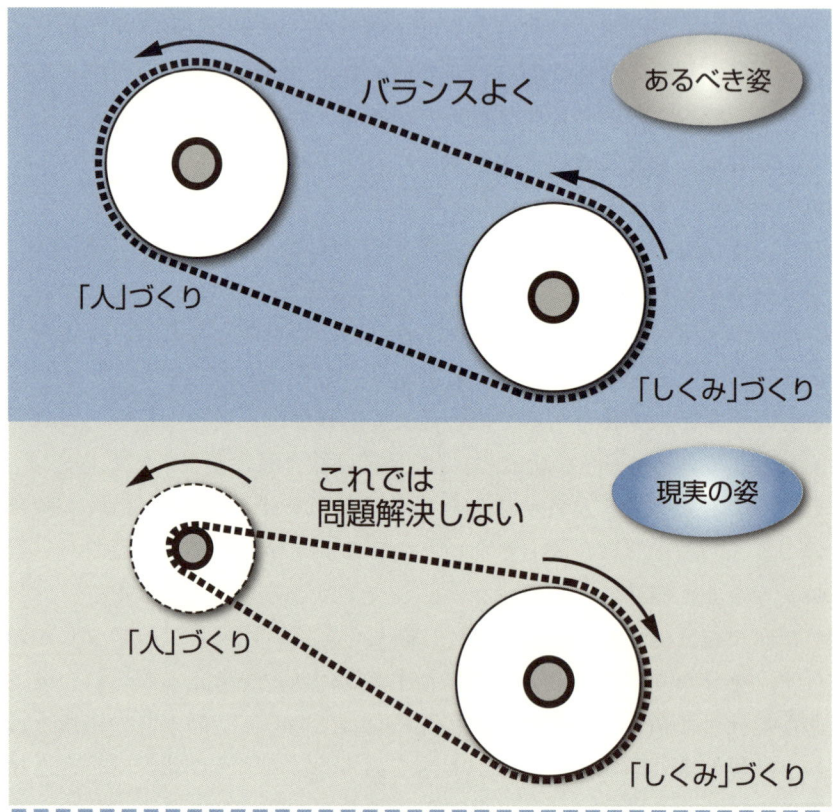

> ※問題を解決するには、問題解決のしくみをつくるのと同じように問題解決にあたる要員をつくる(「人材育成」)ことである。
> ある意味で、しくみや制度(システム)の作成は短時間で可能だ。しかし人材育成には時間を要する。せっかく完成した制度も人に問題があり、動かないという愚に陥らないようにしたい。

問題が解決しないのは、問題解決のしくみ、あるいはシステムの欠如だけが原因ではない。むしろ、問題解決する人材の欠如が大きな原因である。「しくみづくり」と「人づくり」のバランスがとれていないことが問題解決を阻む大きな理由となっているのだ。

　問題解決のしくみとは、問題の定義に始まり、問題解決のステップ、問題を設定するために仕事のあるべき姿とは何か、問題解決のためのポイント・コツはどこにあるのか、また解決策（代替案）をどのように創出するのかにいたるまでの一連の流れを整備することである。それも個人ベースではなく、組織すなわち複数の人員による集団的な問題解決のしくみをつくることが求められる。

　いうまでもなく、このような**問題解決のしくみは「人」によってつくられる**。けっして機械が自動的にやってくれるわけではない。危険や不具合の発生をコンピュータが知らせることはできる。だが、そのシステムを作成するのは人間であり、人としくみの両輪がうまくかみ合ってはじめて、このような回路が適正に動くのである。

　ある会社で社員のやる気を高めるために、適正な評価によって賞与の金額差を大きくしようとした。そのため、古い評価制度を見直し、新しい制度に移行した。しかし、それだけでは「適正な評価」にはつながらなかった。適正に評価するには、上司と部下がよく話し合い、課題を明確にして、達成基準まで合意する。また期間中には、関連事項についてよくコミュニケーション（双方向での十分なやりとり）をとることが必要だ。

　このように、**制度（＝しくみ）づくりと、それを可能にする人材育成（人づくり）が伴って、はじめて評価が適正となる**。評価や賞与の支給方式の変更だけで、「社員のやる気を高める」という問題は解決しない。

　問題の解決には、しくみづくりと人づくりのバランスをうまくとることが必要といえる。上の例であれば、制度が変更になったことを評価者に伝達、周知徹底し、そのうえ会社は、必要な教育訓練の機会を提供する必要がある。**「制度づくりと人材づくりの連携・連動」や「人材の育成なくして、制度は回らない」ことを問題解決の出発点**としたい。

I　あなたはまだ、問題を解決していない！

組織の5系統のバランスをとる

●●●●●●●● 人材育成、問題解決につながる視点 ●●●●●●●●

人づくりなしには問題解決できない

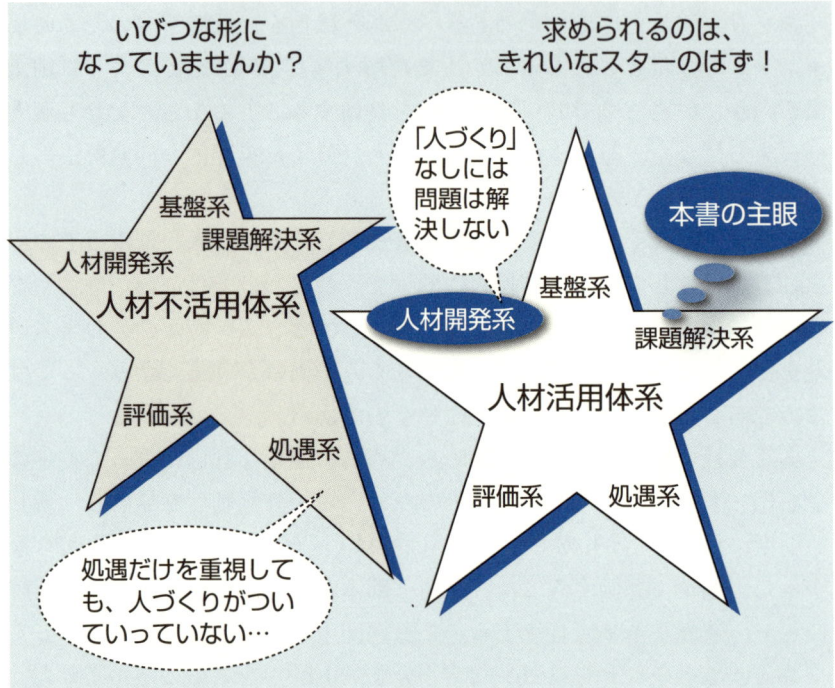

※この10年ほど、安直に導入された疑似「成果主義」のような制度は、目先の利益配分中心に焦点が合せられ、人材育成という側面に、大きな停滞を招いてしまった。動機づけ理論に関する多くの研究は、賃金より評価の重要さ（上司が「よくやった」と認めること）や職場の人間関係（気持ちよく働くことができる雰囲気）の方が、より社員のやる気に、そしてその結果としての業績向上に結びつくと論じているにもかかわらず、である。

※問題解決と人づくりに関しては、第9章を参照のこと。

この10年のデフレ期の余波で、人材の育成や活用に停滞が生じている。その結果、企業は各種の問題が解決されず山積みされることになった。必要な人材をつくるには、人材像の明確化を図り、その採用・確保から、期待する能力を明確化し、課題を与え、適正な評価をしつつ、育成方法までを体系的かつ具体的な展開が図られるようにしなければならない。

　評価を適正にするのは、社員のやる気向上のためであり、さらに社員の能力開発をして、未来の利益の拡大につなげるためである。短期的にはやる気向上であり、中長期的には能力開発が将来の利益拡大に結びつくことをまず理解しておきたい。

　期待されるのは、**企業や各種の組織**（学校法人・医療法人、また公的組織等を含む）**における、各種の問題解決のための人材活用への総合的な取り組み**である。基盤系を核に、**人材開発、評価、処遇、課題解決**の各系統がよく連関し、一貫性と連携を強化することが必要といえる。この結果として、人材育成が可能になり、かつ問題が解決するのである。

　基盤系とは、職群やコース区分、職能資格制度のような能力基準から役割の明確化までをいう。経営理念や人材・人事ビジョンまでが含まれる。処遇系は賃金、資格、職位（ポスト）上におけるものである。評価系は、年3回の能力・業績・勤務行動に対するものである。評価に、公正さかつ公平さが求められるのはいうまでもない。

　人材開発系は、能力開発のための教育訓練だけでなく、自己申告・適性判定からローテーション（計画的な職場異動）、面談制度までをいう。課題解決系は、会社や部門の方針・目標管理から、職場や個人別課題にまで及ぶが、本書の主眼となる問題解決はこの部分に重なる。

　外から目につきやすい処遇系や評価系にだけ焦点を合せると、ついその基盤となる課題解決や人材開発の系統に目が届かなくなる。これでは、各系統の連携が強化されたことにはならない。**この5系統がよいバランスをとれて、はじめて「人材育成」にもつながり、企業や組織の各種の問題が解決するのである。**組織の問題が解決しないのは、この5系統がうまくバランスがとれていないことに、半ば原因があることになる。

I　あなたはまだ、問題を解決していない！

インプットとアウトプットの評価を

●●●●●● 問題解決に何をつぎ込み、何を産出するか ●●●●●●

問題解決のインとアウト

プロセスとは…

問題解決のプロセス

経営資源 **Input** → 活　動（事業、業務、作業）→ 成果・結果 **Output**

ヒト・モノ・カネ
時間・情報

製品・利益
価値・文化
イメージ

■原案：中産連　田中理男

※活動の最中が、とくに「ブラックボックス」化して見えにくい。その結果、インプット・アウトプットが把握されにくくなる。活動する当人にはイン・アウトが明確でも、周りの関係者（上司など）には見えないことがあり、多角的な評価がなされにくい。

効率の算式は

$$効率 = \frac{アウトプット}{インプット}$$

※同時に、インプット・アウトプットは効率の指標となる。効率を高めるには、インプットが一定ならアウトプットを高める、アウトプットが一定ならインプットを下げるなどの方策が考えられる。

問題解決というプロセス全体を通じて、何をつぎ込み、何を産み出すのかという視点をたえず頭に置く必要がある。そして、その両側面から評価しつづける。

　問題の解決期間は、学校の試験のように短時間ではない。少々大きな問題であれば、１カ月から半年、さらに大きな問題あるいは中長期的な課題であれば３〜５年、ときには10年以上という長い時間がかかる。その間、われわれはついつい投入（インプット）と産出（アウトプット）という両側面の把握を怠ってしまいがちだ。

　一般的に投入するのは、ヒト・モノ・カネという経営の３大資源である。さらに最近では、**ヒトとカネの両面のかかわる時間や情報などが新たな経営資源として注目**されている。一方、産出するものは、具体的に目に見える製品やサービスから、売上や利益、会社イメージといったソフトなものまで広範囲にわたる。

　このように多角的な視点から、問題解決というプロセス全般にわたる投入と産出を把握し、評価することが必要である。

　0103項の「山に道をつける」例で考えてみよう。投入されたのは、道をつけるための資金や工事に要した時間や要員の数ということになる。資金の把握はしても、何人で工事したのかが不明確では、後から効率を問うことができない。また産出されたのは、もちろん目に見えるように道路である。しかし、それだけが産出物ではない。

　最近では産出を、さらに成果・結果として「アウトカム」（Outcome）という用語で問うことがある。0103項の事例では、山の中腹に住んでいた老夫婦の「満足」や「笑顔」、「感謝の気持ち」などがそれにあたる。ただ道路ができた、またその品質というような視点だけでなく、その結果、居住者が「どう利益を受けたのか」、「どのように評価するか」が問われるようになったのである。

　インとアウトの両側面から問題解決を把握することは、実は問題の定義、あるいは設定にこそ問題解決の本質があるともいえる。この事例では、アウトカムは居住者・自治体両者にとって「なし」となる。

問題の大きさのレベルはさまざま

●●●●●● 個人の能力だけでは処理できないことも ●●●●●●

どのレベルの問題なのか

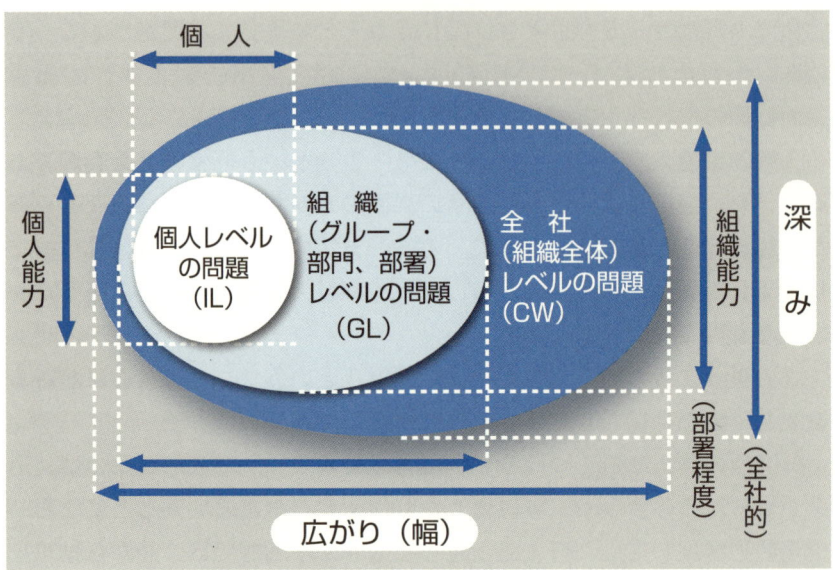

組織内 ｝ コミュニケーション
組織間

「成功事例は人に知られたくない」と考えていないか？

> ※組織の問題が解決しないのは、組織間・組織内のコミュニケーションに問題があることが多い。
> （他部署での成功事例が横展開されない……など）
> これを「ナレッジマネジメント」という形で問題解決しようとしたが、結局はうまくいっていない。どこの組織でも「情報の共有化」を唱えるが、実際はいかがなものか？ 方向性は正しいが、具体化できない。

「問題の大きさ」は、広がりと深さの２つの側面から測定できるだろう。つまり、問題の及ぶ範囲と深みから、問題の大きさは決まるということである。間口が狭くても奥行きが深かったり、小さく見えても実は大きかったりということもあるが、一般的には、間口が広くかつ深い大きな問題は、組織全体（全社）に及ぶ問題といえる。

　問題の解決にあたっては、問題の大きさによって求められるものが異なる。ここでは主に、問題と組織の大きさとの関連から必要なものをまとめてみよう。まず、問題を次の３つに区分する。

　「１．個人の問題」、「２．グループ（部・課・係というような部署レベルから事業部レベル。企業規模によって差がある）の問題」、「３．全社的な問題」である。

　「**個人レベル**」の**小さな問題**なら、**問題解決に必要な能力**は、**個人の問題解決能力に限定**される。個々人が問題を設定し、ちきんとあるべき姿と対比でき、問題の背景となる原因を追究し、解決策を導くような能力が本人に備わっていることが必要であるのは自明といえる。

　しかし、グループレベルや組織全体レベルの問題解決に必要なものは、それぞれの構成員の能力だけが重要なのではない。それ以上に、**複数による組織的な対応ができるかどうかが重要なのである**。個々人の能力は高いのに、複数による組織的な問題解決が下手な企業は結構多い。

　全社的な問題解決には、全社的な対応をすることが必要である。しかし、全社的な問題解決を推進する事務局組織をつくってもうまく機能しないといったことが多い。

　ただ事務局を設置すればよいというものではない。

　TQC・TQM（全社的な経営あるいは品質管理活動）に代表される**1980年代までの諸活動がうまく展開できたのは、その推進体制にひと工夫あったからである**。それは、ある部署で成功した問題解決を他部署に適用する（これを横展開という）といったことが行われてきたのだ。そのためには個人の能力以上に、組織内のコミュニケーション、そして組織間のコミュニケーションが必要とされたのである。

二分法による問題解決の克服

●●●●●●● 二律背反から「両立」、「共存」へ ●●●●●●●

二分するな（二律背反の世界）

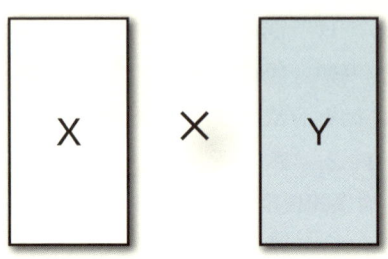

組合せ技術（カセット化）

要はウエイトの問題である（二律共存の世界）

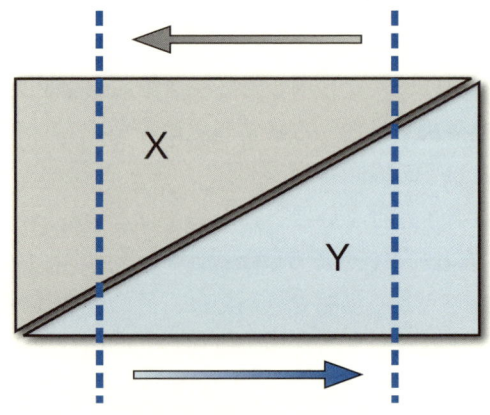

すりあわせ技術（コミュニケーション）

昨今の問題解決は、けっして二律背反の世界では決着がつかない。「善」と「悪」、「勝ち」と「負け」に二分したりするのは、一見わかりやすいが、実態をぼかしている。たとえば、現在の勝ち組が10年後も勝ち組であり続ける保証などどこにもない。むしろ「善」と「悪」が両立・共存するような世界においてのみ、問題解決が決着するようなところがある。

　わかりやすい例なのでとりあげるが、かつて中国製といえば「安かろう、悪かろう」の代名詞であった。それは、何も中国だけの話ではなく、少なくとも50年前の日本製品についても同様な評価だった。最近の中国製品は、もはや「安かろう、悪かろう」ではなく、「手頃な値段だが、品質は良い」というように並び立ちにくい二律を両立させている。ここに世界中で中国製品が受け入れられている背景がある。

　二律背反または二者択一の世界はわかりやすい。ものづくりの世界では、部品の組合せ（カセット・ユニット化）に代表される。二者両立、二律共存・両立の世界は比重（ウエイト）の世界といえる。他の完全否定ではなく、ある程度まで他を認め「折り合える」部分を探るような論理が問われる、いうならば「すりあわせ」技術の世界といえよう。

　少し別な表現をするなら、われわれは二律共存・両立の、ある意味であいまいな世界で生きているのである。このように考えるのが、なじみのある思考法である。要はウエイトの問題といえる。二者択一のカセット化および組み付け方式ではなく、二者両立のすりあわせ技術に基盤をおくのがわれわれにあったやり方だと思えるのである。

　一見、二律背反に見える2つの概念を融合化させられてこそ（二律共存・両立）、新たな問題解決に成功するのである。このような部分に、真の問題解決へのヒントが隠されているように思えるのである。コミュニケーションを徹底することで、二者択一の世界では解決できなかったような問題が解決するはずだといいたい。たとえば新と旧の二律が共存するところに、新たな解答があり、その解答こそがわれわれが求める真の解答なのである。

I　あなたはまだ、問題を解決していない！

問題「解決」を研究するから、問題が解決しない

● 真正面から問題と向き合う ●

> 問題解決の本質は「解決」ではなく、「問題」にある。すなわち問題とは何かが明確に設定、定義されていることが重要である。問題は、どのように認識するのか、どのように定義すればよいのかをこの章では述べる。この出発点があいまいだと、問題は永遠に解決できない。
> 環境の変化からリスクまでを念頭に問題を考える時代となっており、「結果オーライ」の世界では、問題解決まではほど遠いといえる。

まず、「問題」を自ら定義せよ

・・・・・・ 場当たり的な対処で終わらせないために ・・・・・・

問題を設定し、解決する

問題とは…

あるべき姿と現状との差で、
とりあげて解決するべき課題

「あるべき姿」＝期待・理想、目標、こう「ありたい」姿

「解決」「対処」に重点

問題解決
対策重点となる結果、対処に追われ、結果的に問題は解決しない

→

問題を定義してみる

問題設定
問題が明らかになれば、解決策も「自然」にハッキリする

問題解決の本質は、「解決」の部分ではなく「問題」の部分にある。「問題」とは何かをよく考えずに解決に走ると、ついつい場当たり的な「対処」（条件反射パターン）に終始してしまい、問題点が根絶されないケースが多い。

　「問題」というと、すぐに困りごとやトラブルを連想するが、そういったものばかりではない。第１章で述べたとおり、いまだ発生していない（設定型の）問題もあり、そうした問題こそ、本書の主眼である。この章では、問題とは何かを、さまざまな角度から考えてみたい。

　まず、本書で扱う「問題」とは何かを、左ページに掲げておく。アクセントはまず、**「あるべき姿と現状との差」**ということである。「あるべき姿」という表現からは、目標や理想などが連想される。企業戦略を例にすれば、「５年後や10年後に、自分の会社がどのような姿になっていたいか」ということである。また、生産している製品に不良が多発するのであれば、その製品の規格や基準、また「不良０」があるべき姿といえる。

　ついで、「問題」定義の重点は、**「とりあげて解決するべき課題」**ということである。とりあげてはみるものの、解決途上で中途半端なままになる。解決のための行動には移したものの、何らかの困難に直面して、途中で投げ出してしまうということがあると、課題は残されたままになってしまう。いったん課題とするならば、確実に解決し終えることが必要といえる。

　問題の解決にあたっては、例えば「製品不良が多発する」、「われわれの職場の問題は何か」、「企業風土が変わらない」といったように、問題を設定（定義）することから始まるのである。

　よく、「問題解決にあたって、なぜ、なぜと５回繰り返せ」といわれるが、これは発生型の問題についての問いかけといえる。発生したら、原因の追究に力点がかかるのは事実だが、**設定型の問題を考えれば、原因追究の前に問題の設定（問題定義）が必要だ**。発生型の問題であっても、「なぜ、なぜ」の前に、その不良多発の底辺に横たわる本質的な問題を設定することが、もっと根本的な不良撲滅の問題解決につながるのである。

「あるべき姿」を明確にすればよい

●●●●●●●●● 希薄な当事者意識が問題を隠す ●●●●●●●●●

「問題なし」とは、実は「問題意識の欠如」

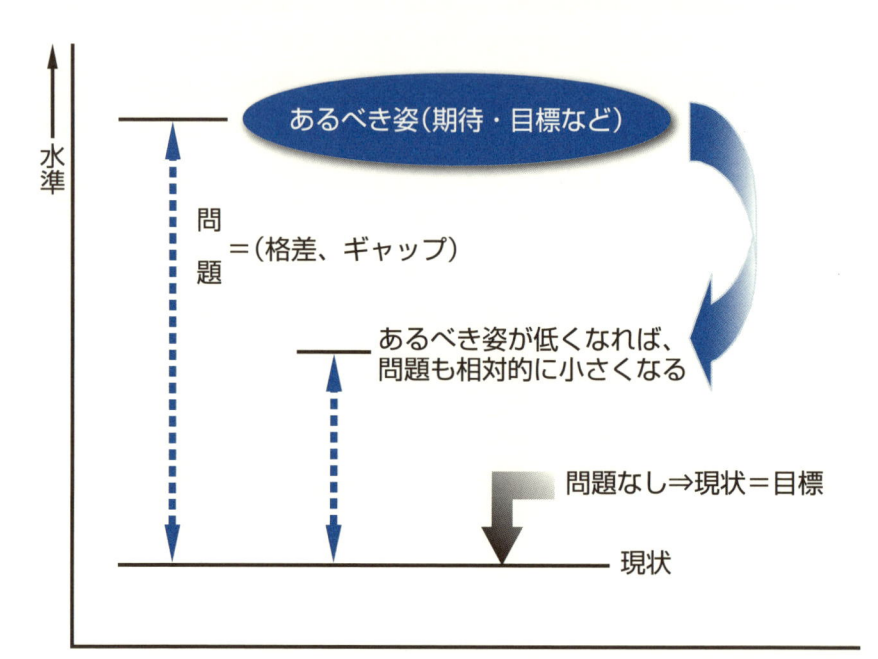

```
水準 ↑
     ──── あるべき姿（期待・目標など）
       ↕
       問題＝（格差、ギャップ）
       ↕
           ──── あるべき姿が低くなれば、
                 問題も相対的に小さくなる
           ↕
                        問題なし⇒現状＝目標
                        ──── 現状
```

※活性化している人は、"不満分子"や"反体制派"ではない。
現状に満足せず、理想を高く持ち、会社（職場）をもっと良くしたい、という前向きの姿勢で、摩擦や葛藤を恐れない。長期的な視野から、会社を考え、「こうするべきだ」「こうあるべきだ」と考えることから問題解決がすすむ。
問題意識を不満や不平と同列に扱ってはならない。

（元中産連　安達勉）

前項で、問題とは「あるべき姿と現状との差」と要約したが、あるべき姿とは、「こうありたい」、「こうあるはずの」、「こう期待されている」姿や状態をいう。現状は、現在の状態（現実）だけでなく、過去の事実や「このままいくと予測される状態」までをさす。そして、**問題状況に直面する当事者（問題解決者）が、この格差（差あるいはギャップ）を解決するべき（必然）と感じることが、問題設定につながる。**

　つまり、企業など各種の組織の構成要員が現状に埋没して、100パーセント満足とはいわなくても、現状からの脱却を図らない組織では、「問題はない（存在しない）」ことになる。クレイムのような発生型の問題を抱える組織は、当然問題を自覚している。しかし設定型の問題が解決しない大きな原因はここにある。理想を現状以上に持たないため、結果的に問題を設定できない。だから、問題解決が進まないのである。

　かといって、発生型の問題を抱える組織も、表面的な問題にこそ目が行くものの、その核にある本質的な問題の解決にはほど遠いのが実態といえるし、設定型の問題解決こそが組織の将来を決めるのも事実だ。

　問題設定や解決には、当事者意識が必要である。問題解決できない、と不平不満を持ったり、問題を抱えていても、その状況を他者のせいにして自らは被害者的な意識を持つようでは、問題は解決しない。それどころか、問題の設定そのものがなされない。「自分自身が、存在するギャップ（格差）を解決する」という確固たる信念や、問題解決できた状態のイメージを持つことが問われるのである。

　また組織のレベルでは、組織が活性化しており、全員、あるいは多くの人が、「現在どうなっているのか？」、「（今後）どうなっていくのか、どうしたいのか？」という現状への疑問や現状打破への意志を持っているかどうかが問われる。「何かヘンだ。おかしくないか？」といった素朴な疑問、あるいは「こうならなければならない」という将来像の問いかけなしに、組織的な問題設定や解決がなされることはない。

　「顧客満足」や「品質第一」といった全社（全組織）的な理念やモットーも、このような底辺での問題意識や問題設定から達成できるのである。

「効・活・創」の3側面から考える

●●●●●●●●●● 3側面で異なる問題設定 ●●●●●●●●●●

仕事の3側面

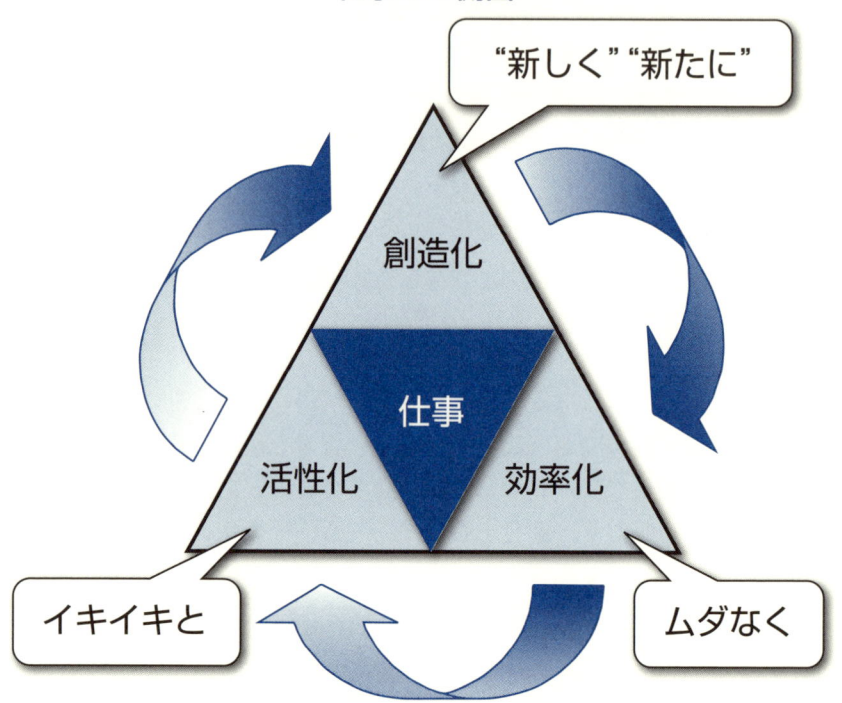

"新しく" "新たに" → 創造化

活性化 ← イキイキと

効率化 ← ムダなく

仕事

※効率化と活性化・創造化が二律背反にならないように配慮する。
※「イキイキ」感のない組織では、何を聞いても、答えが返ってこない。問題解決方法など何の反応もないのが実態である。
※効率化の問題領域　　：「顕在既知」の問題
　活性化・創造化の領域：「顕在未知」「潜在既知」「潜在未知」
　　　　　　　　　　　　の問題（0101項参照）

「効率化・活性化・創造化(効・活・創)」は、本書を含むシリーズのモチーフとなっている。簡潔にいえば、「効率化」はムダなく仕事を実施すること、「活性化」はイキイキと仕事をすること、「創造化」は新しい価値・事業・業務・やり方を考えだすことである。3側面から考えることで、すべての理解を容易にする。「問題」を、この効率化・活性化・創造化の3点から把握すると、解決方法が異なったり、ときに問題解決を担当するべき人の属性が異なる可能性もでてくる。

効率化の視点は、発生型の問題とくに「顕在既知」の問題を解くカギである。トラブルやクレイムの発生といった種類の問題解決には、効率化の側面が避けて通れない。何よりも、起こった状況に速く対応することが期待される。だから、どれだけ短時間で、しかも投入経費を極小化して問題解決できるかが焦点となる。

他方、「潜在既知」や「潜在未知」の設定型の問題解決は、**活性化や創造化の側面からのアプローチが必要で、効率化から攻めてはいけない。**「時間短縮」などとあせれば、独創的な解決案を産み出すことに失敗する。また複数の目による、多角的な評価や解決案の作成だけが、設定型の問題の解決につながるといえる。"やらされ感"ではなく、自主・自律の能動的な働きかけの結果、潜在未知や既知の問題解決が可能となる。

しかしながら、効率化の側面が設定型の問題に、また活性化・創造化の側面も発生型の問題の設定(定義)や解決に必要ないわけではないことは付け加えておきたい。**3つの側面からのアプローチが必要なのだ。**

活性化の問題や創造化の問題の解決には、多様な背景を持つ、複数の参加者からなるチームをうまく活用することである。問題の定義や解決に関する評価を適正なものとするには、複数の目によるきびしく的確な指摘が必要なためである。これらの問題解決には、年齢も同じ世代に限定するより、年齢差があり、価値観を別にする人々による意見交換、まさに"異見"とのはげしいやりとりが必要といえる。

もっとも、その意見の集約(たんに合算や合計ではない)に、特別なテクニックが必要なことはいうまでもないが……。

02|04

「自らの課題」に取り組む

•••••• 全員横一線で目前の課題に取り組まない ••••••

視野が狭くなると……

> 言われたことしかしない「ヒラメ」人間ばかりとなり、会社（各種の組織）全体が停滞する。

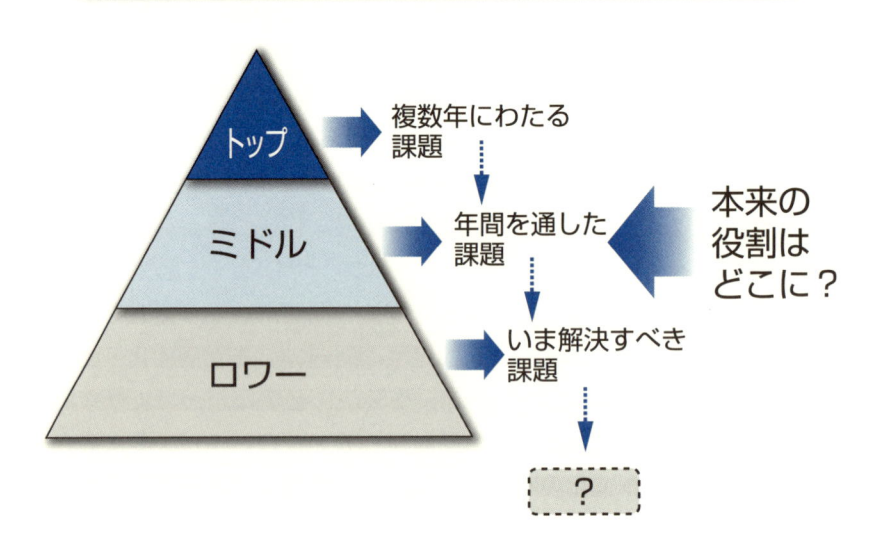

```
   トップ      → 複数年にわたる課題
                      ↓
   ミドル      → 年間を通した課題  ← 本来の役割はどこに？
                      ↓
   ロワー      → いま解決すべき課題
                      ↓
                     [ ? ]
```

※トップの目は、中・長期で考える視点が抜けてはならない。現実には、細かすぎる個々の項目に目が向きすぎ、ビジョンの提示ができなかったりする。それだけでは、組織全体の将来が危ない。

組織内の全員が、自分の解くべき課題の解決にあたることが求められる。**経営層（トップマネジメント）にはトップの、中間の管理・監督職層（ミドルマネジメント）にはミドルの、一般層（ロワー＝実施層）にはロワーそれぞれが担当するべき課題がある**。自分の担当でない課題は、他の人に分担してもらう（これが、正しい意味での「まかせる」）ことである。

　課題と分担を考える場合、解決までにどれくらいの時間がかかるかという視点で、それぞれが分担するべき課題を考えるとわかりやすい。経営層が担当すべき課題は、明らかに「複数年かけて解決するべき課題」となる。これは、予算や人的資源また各種の文化的な背景までを含めて、解決までに時間を要する課題ということである。中間にいる管理・監督職層が分担するべきなのは、解決までに１年や半年というやや大きめの課題ということになる。

　組織の基礎になる一般（あるいは実施）層が分担するべき課題は、当面の課題である。まずは日常の定例業務を停滞なく実施したうえで、その周辺にある改善や、ときに若干の上積みにあたる課題の解決を担当する。要は、その課題に一番近いところにいる人が、その問題を解決するべし、ということである。

　小さな問題は、その担当だけで解決できる。しかし問題がやや大きくなれば、直属の上司たる管理・監督職層を巻き込んで問題解決する。さらに解決に１年以上かかり、それこそ「戦略投資」が必要な課題や組織内の多くの部署を巻き込む必要があるような問題については、経営層自らが担当せよ、ということだ。

　不良・トラブル・クレイムが発生したというような状況であれば、まずは当事者で解決してもらう。上司からすれば、部下に担当させる。自分で分担するべきは、緊急性や重要性の高い課題である。と同時に将来を見越して、十分検討しておくべき課題ということになる。

　このような分担は、外国人の間では、かなり一般的な認識といえる。だが、われわれ日本人は、どうしても横一線方式で全員が同じ問題、つまり目の前にぶらさがる問題解決に躍起となってしまうのは不思議である。

維持する課題と改善・革新する課題に二分する

●●●●●●●●● レベルアップしたものは確実に守る ●●●●●●●●●

2つの課題

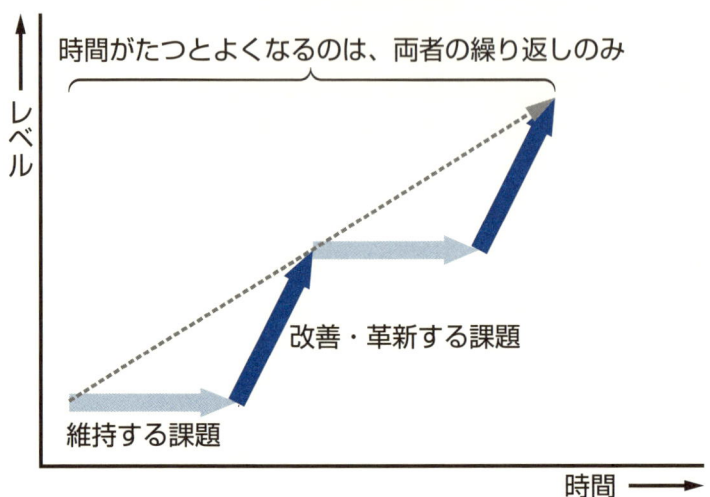

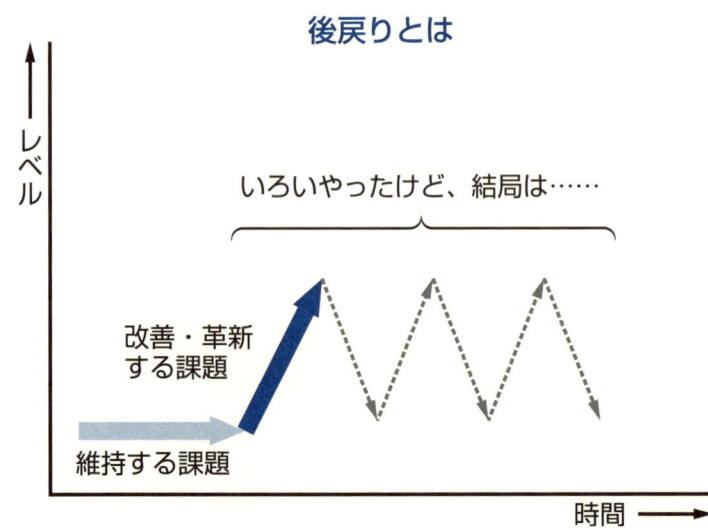

↑レベル

時間がたつとよくなるのは、両者の繰り返しのみ

改善・革新する課題

維持する課題

時間 →

後戻りとは

↑レベル

いろいやったけど、結局は……

改善・革新する課題

維持する課題

時間 →

問題解決にあたっては、課題を「維持する課題」と「改善・革新する課題」とに二分し、両者のちがいを理解したうえで取り組むことが必要だ。この２つの課題は互いに補いあって、業務水準を向上させる。

　日常の仕事をきちんとするのは、業務担当者として当然のことである。業務遂行にあたっては、何らかの基準が必要である。これは、業務遂行にあたっての最も基本的なルールであり、できるだけ規程やマニュアル化する。他者もチェックをしやすいからである。

　また、規程やマニュアル化がなされていれば、たとえ業務担当者が代わっても、業務水準を維持するのが容易である。一般的には異動があると、一時的ではあっても業務水準が落ちる。これではマズイ。誰が担当しても、業務水準は一定の基準に維持されることが問われている。このように、**現在の水準（レベル）を守る課題が「維持する課題」である。**

　しかし、ずっと維持し続ければよいというわけではない。**一定期間、維持し続けたら、今度は業務水準を高める。これが「改善・革新する課題」**である。改善・革新は、ここでは量的なちがいとしておく。本当は質的なちがいでもある。

　現状を維持してきたら、改善・革新をして水準を上げる。今度はその水準を維持していく。そしてまた、改善・革新をして水準を上げる。これを繰り返していくと、かつてよりはるかに高水準となっている。

　しかし現実は、なかなかそうはいかない。苦労して現状をレベルアップすると、疲れてレベルダウンする。頑張っては後戻りし、後戻りしては「これではいけない」と、また頑張る。結局いろいろやったけれど、時間がたつと元の木阿弥になってしまう。この繰り返しでは、せっかくの努力が実らない。

　要は、現状からレベルアップしたら、今度はそれを確実に守ることである。維持を続けたら、今度は改善・革新して水準を高める。このサイクルを続けることが問題解決のあり方といえる。このような観点から、課題を「維持する課題」と「改善・革新する課題」に分けて考えるクセをつけよう。

「結果オーライ」は、つぎの失敗に結びつく

●●●●●●●●● 問題解決はプロセス重視で ●●●●●●●●●

結果よりプロセス重視へ

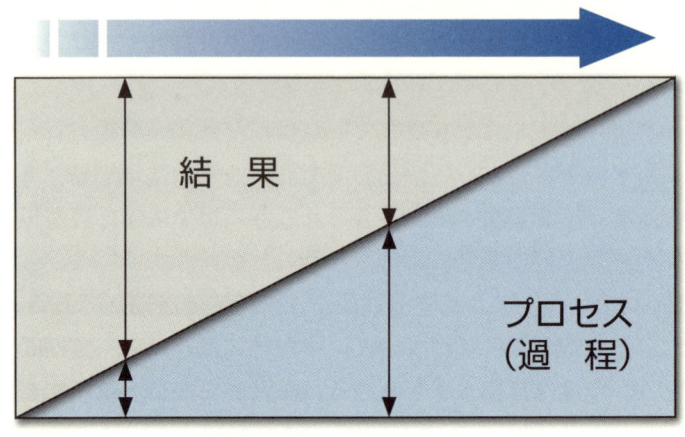

結果

プロセス
（過 程）

※ 結果はプロセスについてくる

課題は３次元で考える

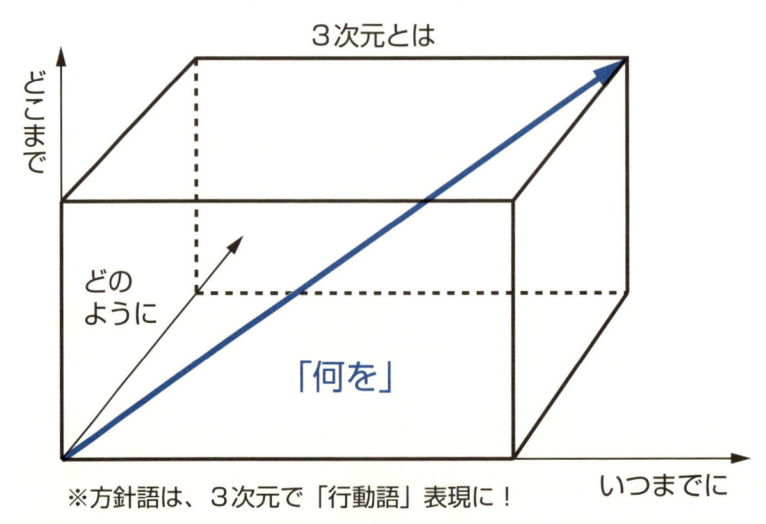

３次元とは

どこまで

どのように

「何を」

いつまでに

※方針語は、３次元で「行動語」表現に！

われわれは、「結果オーライ」の世界に生きている。つまり、結果さえ出れば、それでよいと考えがちである。しかし永続的な成功を目指すには、結果よりプロセスに目を向けなければならない。これは、正しいプロセスの延長線上に、よりよい結果があるからである。

　「結果オーライ」の意識がはびこる組織では、担当者は「結果さえよければ……」と努力を怠る。しかし結果は出ない。上司は結果だけを見て評価する。当然、その担当者の評価は悪くなる。こうした繰り返しでは、その組織全体の業績が高まることはない。

　問題解決にもプロセスがある。課題の「何を」、「いつまでに」、「どこまで」、「どのように」解決するのかが問われるが、まず、課題（「何」）について、具体的な表現にすることである。われわれは一般的に、課題というと「○○」と項目だけを連想するが、それでは不十分である。筆者はいつも「課題は３次元で考えよ」といっているが、たとえば「強化」、「削減」のように方向性しか示さない課題については、「いつまでに」、「どこまで」、「どのように」の３側面から具体性が問われる。

　とくに方法（「どのように」）の要素が問題解決に密接に関係する。たとえば「旅にでる」という課題も、歩いていくのと、鉄道を利用するのとでは、目的地への到達必要時間に差がでるように。解決に要する期間は、方法によってずい分ちがってくるのである。

　そして、それを具体的な行動語に変える。行動語は「強化」、「削減」といった方針語と異なり、何をするのかが目に見えるようなことばである。「強化」や「削減」は、どうするのかまでは目に見えない。「営業力強化」のかわりに、「営業要員を増やす」という表現なら行動語に近くなる。また、「訪問回数を増やす」なら、これは行動語といえる。

　ついつい、方針語で考えがちになる。強化・促進、低減・節減・削減、改善など、いずれも方針語の世界で、「何を」、「いつまでに」、「どこまで」、「どのように」の具体性をともなう行動語からはほど遠い。この延長線上には、結果オーライの世界しかなく、行動語で３次元で考えてこそ問題が解決する。

トップは戦略構築、ミドルは採算確保から

・・・・・・・・・ 採算確保と戦略構築の関係 ・・・・・・・・・

ミドルの課題

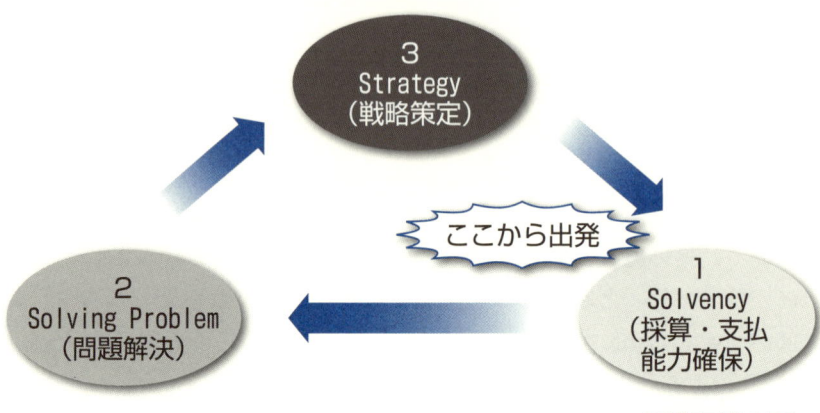

- 3 Strategy（戦略策定）
- 2 Solving Problem（問題解決）
- 1 Solvency（採算・支払能力確保） ＝組織存続の要

ここから出発：1 Solvency

経営者の課題

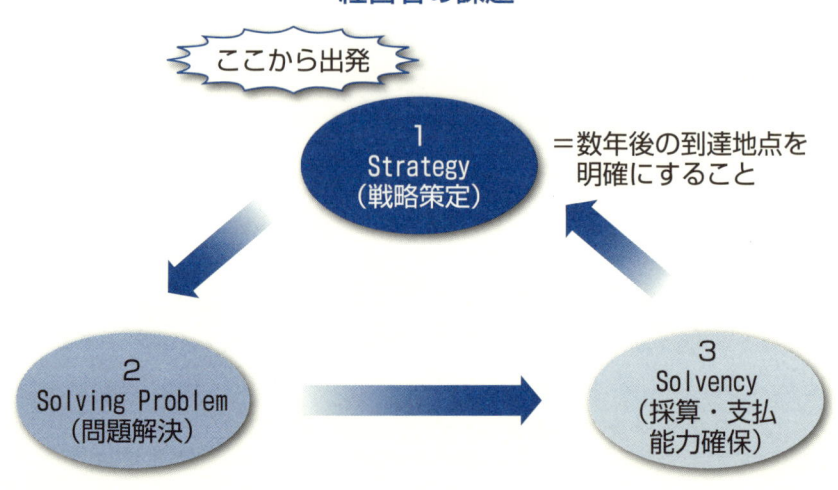

- 1 Strategy（戦略策定） ＝数年後の到達地点を明確にすること
- 2 Solving Problem（問題解決）
- 3 Solvency（採算・支払能力確保）

ここから出発：1 Strategy

本シリーズの『図解　ミドルマネジメントの仕事100』で筆者は、管理・監督職（ミドルマネジメント）の役割は、組織レベルでの採算確保から始まり、各種の問題解決、そして最後に戦略策定（構築）の３つのレベルがあると要約した（左ページ上の図参照）。
　採算確保は支払能力確保ともいえ、「収入＞支払」の構造をつくることをいう。短期的な逆構造（「収入＜支払」、つまり赤字）は問題ないが、長期的に支払能力がないと、その組織は永続が不可能になる。この段階が確保できて、ミドルの役割は各種の問題解決になり、究極の課題は戦略策定とした。
　ここでいう問題解決には、当然、小さな問題から大きな問題までもが含まれる。それぞれの組織には実際、各種の問題が存在する。その数多い問題のうち、解決する問題の大きさによって、その解決者たる管理・監督職の位置づけが決まる。より大きな問題の解決に、上位の管理・監督職はあたるべきである。現時点でも、その考えに変わりはない。
　さらに展開して、ここでは経営者の役割は管理・監督職の役割とは逆の順であることを追加したい。**管理・監督職の役割は採算確保→問題解決→戦略構築の順だが、経営者（あるいは執行役などの経営職といってもよい）の役割は、戦略構築→問題解決→採算確保の順である**（左ページ下の図参照）。
　よくよく考えてみると、問題解決を中心に、採算確保も戦略構築も、いずれも問題解決の１種類、１部分である。各組織の管理・監督職は、まず採算を確保しないと、その組織は永続しえない。これは小さい方に向かっている。逆のより大きい方に向かうと戦略構築になり、これは経営者が真っ先に取り組むべき課題といえる。戦略構築とは、複数年かけて組織が到達するべき地点を明確にすることである（0204項参照）。
　組織全体でトップが解決するべき課題と、中間層にいるミドルマネジメントが解決するべき問題は以上のように要約できる。同じ項目でも、取り組むべき課題の順序や重点がちがうといえる。問題解決にあたって、解決する順序を間違えてはならない。

「この仕事は誰の担当か」を明確に

●●●●●●●● フラット化する組織と業務の問題 ●●●●●●●●

組織のフラット化と業務のフラット化

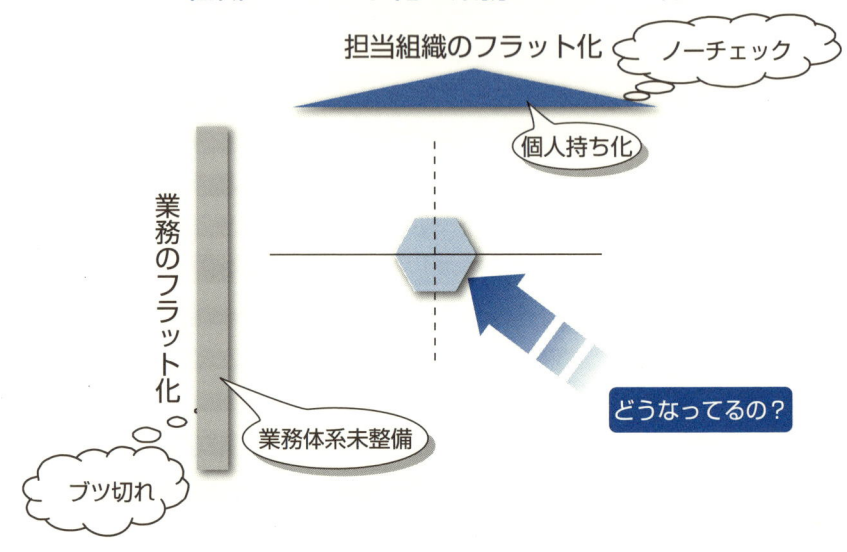

担当組織のフラット化 — ノーチェック

個人持ち化

業務のフラット化 — 業務体系未整備

ブツ切れ

どうなってるの？

業務体系とは（仕事の流れ、人事機能の例）

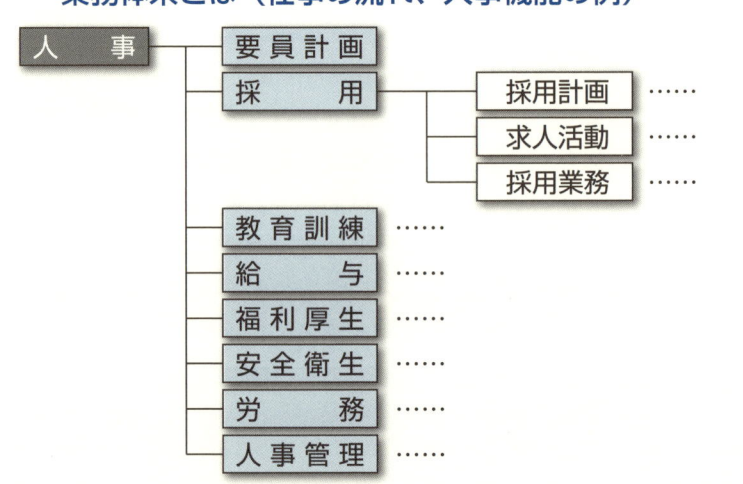

人事
- 要員計画
- 採用
  - 採用計画 ……
  - 求人活動 ……
  - 採用業務 ……
- 教育訓練 ……
- 給与 ……
- 福利厚生 ……
- 安全衛生 ……
- 労務 ……
- 人事管理 ……

組織の問題の多くは、業務と担当（業務遂行者あるいは部署）とのアンバランスから生じている。バブル経済の崩壊以降の15年間は、付加価値額の低下による組織構成要員数の削減、スリム化の連続であり、組織はフラット化した。

　個々の製品の付加価値率の低下は見られるものの、トータルで付加価値金額を維持したとするのなら、量で補ってきたわけだ。つまり、1個あたりの付加価値額の低下を、数をこなすことでカバーしてきたわけである。その結果、組織はただ、ただ「忙しい」状況になった。

　要員数の削減は、かつての「担当－係長－課長－部長」の組織階層が、**「担当－グループ長」程度のフラットな組織への変更につながった**。個々人が担当する業務量は増加する一途である。結果、業務の個人（持ち）化が進行した。これが、業務のフラット化である。

　その結果、チェックが行き届かなくなった。担当者だけしかその仕事がわからない。それこそ、誰が担当しているのかがわからないこともある。わかっていても、それが適切に処理されているのか、誰もチェックできない。このような状態が日常茶飯事となり、業務品質の維持あるいはレベルアップなどとは別世界の状況になったのである。

　しかも、この15年間で業務のアウトソーシング（外部委託化）や派遣社員化が進展した。コストが合わないとなると、付随業務だとして外部委託がすすむ。そのうち、どのように処理されていればよいのかを判断する基準すら不明確になった。単純業務は、派遣社員にまかせてはみたものの、頻繁な入れ替わりや派遣者の能力のばらつきなどで、適切に処理されているわけではない。あげくの果ては、日本のお家芸といわれた物づくりの現場でも、アジアの隣国のキャッチアップを許し、日本製品は優秀だとの評価も揺らいだ。

　以上述べてきたような問題は、同根から生じている。要は、**どの仕事（業務）は、誰（どの組織・部署）が担当するべきなのか、それを担当者個人の仕事とせずに、組織（部署）の仕事として、きちんと位置づけることが問われているのだ。そうすることだけが、問題を表面化させる**。

ルールから問題を明らかにする

●●●●●●●●●●●●ルールと実態の乖離●●●●●●●●●●●●

影がなければ、オバケだ

仕事にもルールがある

人には影がある

各種のルール
~自社版で明確にすること~

階層	説明	例
方針	基本理念や方向……を述べる文書	社是・社訓 年度方針
規程・規定	条文形式で記述改定履歴のあるもten	○○規程
基準・細則・マニュアル	規程の細分化・部分手順・方法を具体的に述べるもの 判断基準類	内規 賃金表
帳票(帳簿・伝票)、記録(データ)	宛名のある文書、一覧表 コンピュータ集計表など	

仕事には**ルールがある**。**業務担当者はそのルールに則って、業務を遂行する**。つまり、**業務とルールは不即不離の関係である**。業務が一人歩きすることはないし、ルールだけが先行することもない。ちょうど、人間と影のようなものである。しかし、実態としての業務は存在していても、仕事のルールが不明確であることは多い。

　ルールとは、各種の決まりごとのことである。業務遂行にあたっては、さまざまな種類の決まりに従うことになる。業務遂行者は、その決まりを守らなければ、あるべき姿で業務がなされるはずがない。**ルールは可能なかぎり文書化されていることが必要である。それは他者からの判断基準にするためである**。特定者の頭にだけあるルールや口頭による指示などの決まりは不十分といえ、他からは理解できない。

　文書化されたルールは、4つ程度の階層に分けられる。

　最上位は、「方針」に関するルールである。組織全体のあり方を示すような社是・社訓、行動指針、また年度方針のようなものである。ついで各種の規程類となる（「規程」でも「規定」でも表記は問わない）。これは、形態として条文形式になっており、また改定履歴が明記されているものと考えるとわかりやすい。

　その下に位置づけられるのが、各種の基準・規格や細則、マニュアルの類である。これは規程類の一部分であったり、頻繁に改定を要することが多い。**ルールの階層の底辺に存在するのが帳票や記録となる**。これらがルールというのは違和感があるかもしれないが、帳票には一定の記入方法が決まっていたり、記録（データ）にもその並び方などがあるためルールの一種である。ときには電子メールの簡単な連絡文の中に、非常に重要な決まりが入っていることがある。

　文書化された決まりは、この程度の分類がなされることが多いが、階層区分があいまいであると、ルール化が今一歩という証拠である。問題の設定がなされるのは、業務遂行にあたってルールと実態の乖離という視点から見直しをしてみるとよい。あるべき姿とのギャップが浮きでることが多い。

リスク管理から問題を明らかにする

●●●●●●● 何かが起きてしまってからでは、遅い ●●●●●●●

リスク管理とリスク評価

リスクの棚卸 → リスク評価 → 処　置

（リスク管理）

リスクの評価

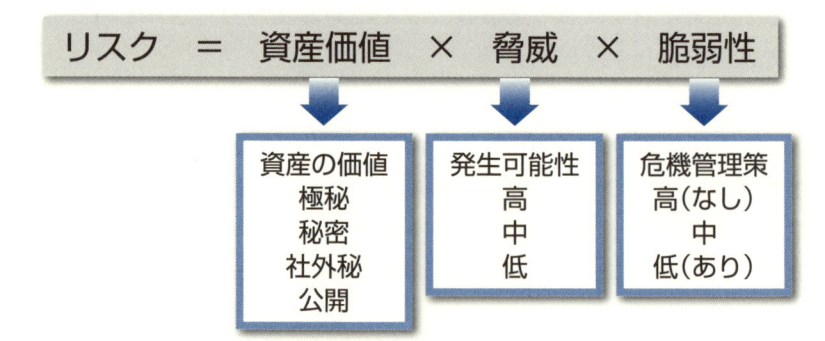

リスク ＝ 資産価値 × 脅威 × 脆弱性

- 資産の価値
  - 極秘
  - 秘密
  - 社外秘
  - 公開
- 発生可能性
  - 高
  - 中
  - 低
- 危機管理策
  - 高（なし）
  - 中
  - 低（あり）

> ※リスクが大きくなるのは、資産価値が大きく、発生可能性が高く、危機管理策がとられていない場合である。
> 逆にリスクが小さくなるのは、資産価値が小さく、発生可能性が低く、危機管理策が十分にとられている場合である。

現在の環境状況を勘案すれば、問題解決において、リスク管理あるいはセキュリティの面を避けて通ることはできない。リスク管理については、つぎの2つの側面から考えるとよい。すなわち、リスクの発生を見越したリスク分散とリスクの発生予防という視点からである。

　筆者は昭和30年代に、都市地域で少年時代を送った。家には専業主婦の母がおり、自宅の入り口は施錠されていなかった。いつでも、カギなしで自由に入ることができた。昭和40年代まではたいていの都市で、そして昭和の間は農村部で、おそらく同じような状況下にあったのではないか。もっとも、その時代から徐々に「かぎっ子」なる子どもたちが増え始めてはいたのだが……。

　しかし現在、自宅の入り口にカギがかかっていない家はどれだけあるのだろうか？　同様なことが、問題解決についてもいえる。少なくとも企業をはじめとする各種の組織において、情報漏洩などのリスク管理やリスク分散の「問題」の解決は今日的な大きな課題である。よくいわれるように、リスクを逆に読めば「クスリ＝薬」となるのであり、けっしてリスクを忌み嫌う必要もない。

　あらかじめリスクの評価をきちんとして、リスク管理に対応することが、問題解決の一部分として必要になりつつある。要は、「リスクはけっして起きない」ではなく、発生してもおかしくないとの状況を見越して、リスク発生時の対応を準備しておくことである。そうすることで、リスクによる被害を一定のものとすることができる。

　当然、リスク評価の前には、どのようなリスクが想定されるか、つまり起きうるのか棚卸する必要がある。予測せぬ難局にぶつかれば、当然、その対応も不十分となる。かといって昨今の地震対策のように、対策に追われ続けるのは資金的にも時間的にも、そして心理的にも困りものだ。地震が起きないのを祈るだけでは困るが。

　問題の設定や解決において、リスク管理やセキュリティの面を折り込む必要があるのは事実だが、カタカナ語はどうしても本質が見えにくくなり、どのように対応するべきか今一歩工夫が必要なのが現実である。

問題解決のABC

3

● 組織全体を巻き込んで ●

> なぜ問題解決できないか、二分法で考えてみた。両者のちがいは一見、大きくない。しかし問題解決できない理由がハッキリ見えてくる。
> 「適用」と「採用」のちがい、「核」と「表層」のちがいなど、一度、再確認してみてはいかがであろうか。
> 両者は、けっして相対する概念ではなく、われわれの頭の中では、連続、共存していることに気がつくはずだ。しかし一方に重心が偏りすぎると、問題は解決しない。

他社の事例は参考程度に考える

●●●●●●●●● そのまま導入してもうまくいかない ●●●●●●●●●

A：そのまま使えると思うな

適用（Adapt）

・他社事例はあくまで「参考」
・事例を自社の状況に合せる
・最適解は自ら見つける

考えよ！ 悩みぬけ！

⬆

採用（Adopt）

見本

・よそから「そっくり、そのまま」で
・うまく「パクル」、まねる
・同じようにすれば、問題解決できる「ハズ」

まねれば解決できるゾ？

われわれの周りには、解決すべき多くの諸問題が存在しており、書店のビジネス関連の書棚にいけば、問題解決に関する本が数多く並んでいる。いったい全体、自分たちはなぜうまく問題解決できないのか、どうすればうまく問題解決できるのか、どうすれば問題の再発を防ぐことができるのかということを多くの人が悩んでいる。

　しかし結局、問題というものは、悩みながら自分たち自身で解決していくしかない。他社の事例は、あくまでも参考であり、それをそのまま「採用」すれば、自分たちが抱えている問題も解決できると考えるのは、大間違いだ。自分で問題を設定して、自分が解決のための行動を起こす。そこで、いろいろ困難に直面し、さまざまに悩みながら問題を解きほぐしていく。それが問題解決なのだ。

　本シリーズの『マニュアルのつくり方・使い方』は、おかげさまで、このテーマでNo.1の評価をえて、ベストセラーとなっているが、その書に対して「もっと具体的なマニュアルの見本がほしい」という意見がある。われわれがその書でいいたかったのは、自分たちで業務標準であるマニュアルをつくってこそ、マニュアルの教育や定着が可能ということだった。だから方法論が大切だと述べているのだが……。

　「他でうまくいったものを、そのまま採用できれば……」というのは、決して本質的な問題解決にはならない。他社での成功事例は、他社をとりまく環境のなかでの成功であり、自社をとりまく環境とは別であるということだ。そっくりそのままでうまくいく、というのは特別な場合だけなのである。

　では、どうすれば本質的な問題解決が可能なのか。それは、**他社での成功事例を参考としながらも、自社に合うように必要な変更や修正を加えながら自社に「適用」させる**ということだ。そっくりそのままではなく、自社の置かれている状況や背景を勘案して、他社とのちがいを理解して、自社に合うものに変えて採り入れる。そうでないものを、そのまま導入してみても、問題が解決できるはずはないのである。適用と採用、気をつけないと同じに見えてしまう。

職場全体に問題解決への熱意を

・・・・・・・・・ "温度差"を埋める工夫が必要 ・・・・・・・・・

B：みんなが燃えているか

活性化（Blazing/Activating）

・異質を活かしているか、多様性を活かしているか
・自由に発言させているか
・問題解決への熱意があるか

自分の役割を果たす！

⬆

静観（Wait and See）

・時がすべてを解決しない！
・自分は圏外で（誰か、がやる？）
・解決策を作成しても、行動に移さない

先生の話を「聞く」？

筆者はマネジメント・コンサルコントとして、日本の数多くの企業や各種の組織に対して、人事諸制度の改定や経営計画策定などのコンサルテーションをとおして、日頃、問題解決の実践にあたっている。また、年間1000人以上（そのうち200人以上は外国人）の管理・監督職に対して問題解決の講義もしている。このように20年以上にわたって、問題解決というテーマに挑戦し続けているものの、実は明快な解答を持っていないのかもしれない。

　しかし問題解決がうまくいくか、いかないかの要因については、1つの考えを持っている。それは**「みんなが、問題解決しようと燃えているかどうか」の側面が大きい**ということだ。実際、多くの企業で、問題解決の必要性を感じているのは一部の人々であり、けっして多くの関係者ではなかった。たしかに問題に直面している当人は、問題解決を心から欲している。だが距離が遠くなるにしたがい、その問題解決に対する熱意が失われていくというのが現実だ。

　問題を設定できない、問題の存在を理解できない人が多すぎる。加えて、問題解決の方法がわからない人も多い。後者はまだ救いがある。本書を読んでもらえば、問題を解決できるはずだ。問題を設定できない、問題の存在を理解できない人を、どのように問題解決のなかに組み入れていくか、関与させていくのかが真に問われている。

　本書では、この永遠の課題を、若干でも明快に解決しうるいくつかのヒントを提示してみたい。それに先だち、職場の問題解決をすすめるにあたって、**職場全員が問題解決の必要性を感じているか、と問いかけたい。**その必要性を理解していることを前提に、本書が提示する方法、コツや手順を適用していただければ、職場で実際に問題解決をすすめることができるはずだ。

　問題解決活動に全員を関与させる、積極的にかかわらせるような仕掛けを、ぜひご検討いただきたい。みんなを燃えさせる、なんとか問題解決したいと思わせるように仕掛けて、問題解決の必要性を理解している職場の雰囲気づくりをお願いしたい。

何度も同じ問題が再発するのか

・・・・・・ 表面をなぞるだけでは何も解決できない ・・・・・・

C：本質・核を突け

核・源流（CORE）

- 「本質的」な問題を設定する
- 「真因」を探る
- 現状打破をする

芯ですゾ！

⬆

末端・表層（END/TRIVIA）

- いわれた「とおり」「ママ」で通す
- 瑣末な対策をする
- すぐ元に戻る

見えるところだけ？

「問題」とは、現実に困っていることを指すという誤解は結構多い。たしかに困りごとは、解決すべき問題の一部だが、現時点で火事になっていなくても、将来への火種となりうるものは、むしろずっと大きな問題なのである。

「問題解決」についても、同様に誤解をする。われわれは、よく問題を解決した、解決できたふりをしがちである。表面をつくろったり、今をなんとか越すことができれば、それで問題解決したと安心してしまう。しかし時間がたつと、いったん解決したつもりの問題が、すぐに再発したり、別の形態の問題となって表面化する。

この場合、**問題の核**であったり、**本質・底流レベル**では、何も解決できていなかったということである。**解決したのは、問題の一側面や末端や表層・表面だけだった**ということである。

本書が目指す問題解決とは、原因の追究であれば、その核、本質、真因のレベルまで徹底的に遡及して、**現状をほんとうに変革するような現状打破レベルの解決（代替）案を創出すること**である。「いろいろ努力してみた」とか、「現状は打開できたが……」というレベルではなく、二度と同じような問題が発生しない、真の意味で問題を解決することを目指したいのである。

その出発点は、問題「解決」ではなく、問題「設定」なのである（第2章参照）。これが不十分だと、問題解決したように見えても、また不満足な現象が再発する。「真の問題」を設定することから、その根底に横たわる真因を明確にして、それへの解決案（薬）を創出することによってのみ、問題解決が完結するといえる。原因の根底にあるものが真因である。**ここを明らかにして除去しないかぎり、問題は本質的に解決しない。問題にも核が、原因にも核がある**。その核に対して、手を打つことが問題解決といえる。

よく「いろいろある」という。そうではないのだ。**問題解決とは、解決すべき重点を突くことである**。熱が出たから、とりあえず薬を飲む方式が問題解決ではないことを理解しておきたい。

期待や願望のレベルをはっきりさせる

「これまでのまま」では不十分

D：こうあるべき姿を描く

願望・期待（Desire・Demand）

- 「あるべき姿」の追求、強く希求しているか？
- 演繹的に考える
- 問題は「こう解決する」「解決できる」と念ずる

「時が来れば、問題は解決する」は幻想。季節の移り変わりではない！

⬆

現状肯定（Defacto）

- 「そうはいっても…」と現状を（事実上）認める
- あるべき姿を描かない、想定できない
- 問題はなかなか解決できないと、あきらめる

たとえば不良品が発生したとする。とりあえず、その不良品の発生を防止する手は打った。そこで、「これで対処ができた」と安心してはいけない。不良品が二度と発生しないような確実な対応をするまでが、あなたの責任である。

「トラブルが解決した」と安心したり、現状に復帰しただけで満足していては不十分だ。なぜか。これまでの期待あるいは要求水準が、はたして十分であったのかが「問題」だからである。これまでの環境では、その期待水準でよかったかもしれない。しかし、環境の変化から、既存の期待水準はすでに不十分になっていることがある。

他社が自社の水準まで追いついてきている。隣国がわが国のレベルに近づいている。既存の水準では、自社の優位性が十分保てなくなっている。そんな環境変化を考慮せず「これまでどおり」の現状肯定では困るのだ。

自分（あるいは自社または自分たち）は「どこまで期待するのか」、「どうしたいのか」、「どうなりたいのか」という期待や願望をはっきりさせて、期待水準と現実との格差をはっきり認識する必要がある。また「社外からはどの程度が期待されているか」ということの認識も重要である。

ところが実際は、自分が「どうしたいのか」、これもはっきりしない。自分が希求するものが何もない、というのが現実ではないか。現実を支配しているのは、「これまでのままであればよい」、「事実上、こうなっているから」という現状肯定の考え方やものの見方だけである。

トラブルが起きる前に、自分たちは「どうありたいのか」、「どうなっていればよいのか」、そのために「どうしたいのか」、「どうすればよいのか」、自分たちの達成したい、期待する水準・レベルをはっきりさせることだ。ついで、そのために「こう変える」、「こうしたい」と自分の意志をはっきりさせることだ。

春の後には夏が、夏の後には秋が、と自然に季節が移り変わるのとは異なる。現状をこの水準まで高めたいと自分が考えることから、実際の問題解決は始まるのである。

「これだけはやりとげる」というものを

・・・・・・・・・・ 後戻りせず、定着・確立をめざす ・・・・・・・・・・

E：導入から定着へ

定着・確立（Establish）

- 徹底的に周知徹底させる
- 定着できないなら、導入しないも同じ
- 真の意味での「問題解決」

これだけは！　このように！

⬆

導入・未定着（Introduce）

- 新しい手法・制度を採り入れてはみるが、元の木阿弥に
- 何度も繰り返すと、むしろ不信感が高まる
- 真の意味で、問題解決「できていない」

右往左往するだけ？

不思議なことだが、新しい取り組みをに対して異常にアレルギーが強い会社がある。経営者や管理職が「何かやってみたい」と希望するのだが、それに対して全社的な拒絶感のようなものが漂う。われわれコンサルタントがその会社を訪問するだけで、「またですか……」というような社員の目線や雰囲気を感じてしまう。

　このような会社の場合でも、それまでにいろいろ勉強し、大きなエネルギーを使って新しい手法を導入したりしている。しかし時間がたつと元に戻って、新しい手法もうまく定着しない。そのために社員の間で不信感が高まる。そうしたことでは、ほんとうに必要な、新たなことを実行しようとしたときにアレルギーが起きてしまうのも無理はない。だからといって、開き直って「何も変えない、何も実行しない」ではさらに困る。それでは、まったく問題は解決しない。

　問題解決のために、いろいろな手法を導入することは大切だが、**より大切なことはそれを定着させることだ**。いろいろ「やる」より、たった1つのことでよいから「やりとげる」ことである。別のことばでいうなら、結実主義である。どんなに努力しても、実にならなければ困る。そして時間がたって、それが確実になれば「確立」ということになる。それが期待されるのだ。

　問題解決とは、新しい手法を導入して、何かするというより、問題を解決するため、「何かをやりとげる」ことを指す、といいたい。そのために、まず「何をやるべきか」を見据えることである。いろいろではなく、「これこそ、やりとげるべきだ」と明確にすることだ。そして、それをやる。つまり導入する。そしてそれを定着させる。数年かけて確立させる。このパターンがあるべき姿である。

　そうでなく「いろいろやったけど……」では、みんなが困るだけだ。もっとハッキリ正直にいうと、いろいろやって実らないことほど、疲れることはない。これは、ほんとにコンサルタントとしての実感だ。木を植えるが、なかなか花が咲かない。花が咲いても、実が成らない。筆者は上司から、結実させることの重要さを、たえず問いかけられてきた。

前後の流れを考える

•••••••••••• 時間軸でものを見る大切さ ••••••••••••

F：流れでとらえる

流れ・一連の動き（Flow）

・一貫した流れをつかむ
・流れを止める、また流れを変える必要がある
・問題解決は、時間の経過や業務の流れを考えて

前工程・後工程がある！

⬆

点・定点（Spot）

・現時点・その場だけの対応や観察
・自分のことしか考えない
・いったん問題解決「したら」、そこで終わる。でも、また後戻りしている

スタンドアローン？

眼前の動きしか見ていない自分に気づくのは、筆者だけではないだろう。凡人は、目の前しか見ない、見えないのが、むしろあたりまえだ。しかし自分だけしか見ない、止まったある時点や1カ所だけしか見えない、今だけしか見ていないでは、大局的な方向づけができない。自分と同じ世代しか目に入らないのでは、問題解決をするのには不十分だ。現在を問うキーワードである「多様性」をつかめないことになるからだ。

　「前後を考える」というのは、同時に歴史を見るということである。今後どうなるかと先を考えることは、過去を振り返る、反省することでもある。10年前に、10年後である今日の時点をあなたは予測することができただろうか。それから10年後の今日を見据えて、行動してきただろうか。このように歴史という時間軸でものを見るということは、問題解決にとってきわめて重要な要素といえる。

　問題解決を自部署レベルだけで考えると、結局は問題が解決せず、他部署に余分な負担をかけるだけになる。**業務には一連の流れがある。前後の工程がある。**業務の流れ全体でムダを削減できたか、と考えないと最終的に問題が解決したことにはならない。「他部署では逆に時間増になっていないか」という視点から考えることが必要である。時間がたつと後戻りするのも、ある定点でしか見ていないことに他ならない。

　流れで考えることは重要だが、その流れを止めることが必要な場合もある。業務が一定のルールに従って流れている。突然、問題が発生する。その時、問題が生じているのに、以前と同じように「流して」しまってはいけない。問題が発生すれば、そこでそれまでの流れを止める。ただ流すのではなく、問題が生じれば流れを止める、変える必要がある。問題が解決したら、また新しい流れに従い、動かす。

　流れでとらえるというのは、全体は歴史のように流れとして考えるけれど、必要に応じて、定点で止めて考えることができる、ということでもある。一連の流れをつかむのは、ある時点では流れを止めた、在庫や残高という「ストック」で見ることにもつながらなければならない。フローはストックで、ストックもフローとの関係から見ることである。

「行動語」で説明すること

抽象的な「方針語」では動けない

G：現地・現物

Go and See For Yourself

- 「現地・現物」概念の真の実現
- 理論を「行動」に置き換える
- 現地・現物は「あなた」のためダ！

⇧

現地・現物（GENCHI, GENBUTSU）

- いつも現地・現物というものの……
- 「机上論」でしかなく、現場に足を運ばない
- 理論では、問題解決しない

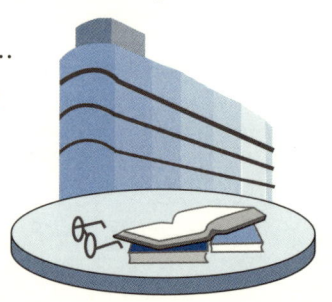

「現地・現物」というのは、みなさんよく知っている概念ですね。机上論に止めず自ら足を運び、現実を自分の目で確かめようということですね。理論や机上論では、実態がなかなか理解できない、間違った判断につながりかねない、というものですね。日本の製造業を代表する会社でも、その生産方式を裏付けるキーワードのひとつです。現場・現物・現実の「3現」や原理・原則を加えて「5ゲン主義」なんてことばもあります。
　いずれも、問題解決におおいに参考になります。
　ところで先の会社では、**現地・現物の英訳を"Genchi Genbutsu"とした後に"Go and See for yourself"と意訳して加えています**。現地・現物主義を唱える別の会社で、あるとき経営者に現地・現物の英訳はと尋ねました。もちろん、その会社は米国やアジアに工場があります。件の英訳を話すと、その経営者は「この方がわかりやすいですね」と筆者に答えられたのです。
　現地・現物概念は、抽象的な「方針語」というレベルのことばです。内容を理解していないと、実際に現地・現物で行動できません。**"Go and See"は行動語といって、すぐに内容が理解でき、行動に移せますね**。実際に行動するには、行動語レベルでことばを表現することです。しかも、その後にある"for yourself"が名訳です。行って見るのは「あなたのため」であるのですから。本質を表すスゴイ訳でしょう。
　英語のできる人に現地・現物の英訳はと問うと、"Go and See"の後は"by yourself"だといいます。"by"より"for"の方がずっと本質を表していると思います。現地・現物で行動するのは、それは「あなたのため」だから、といわれるとすべてが目から鱗ですよね。
　「コミットメント」のようなむずかしいことばを日常使うのはよしましょう。いろいろな意味を持つ語は、やはり日本語に直して使いたいですね。「コミットメント」は関与から、ただの目標・必達目標、そして場合によって犯罪のことでもあります。日本をよく研究している外国人は、「現場」と「現地」はどうちがうのかと質問してきて、逆に私が困ることもありますヨ。

組織内で問題解決を横展開していく

●●●●●●●●●●●●●● 解決のプロセスを伝授 ●●●●●●●●●●●●●●

H：横展開せよ

横展開・水平展開（Horizontal）

・連携して、全社レベルで取り組む
・問題解決の事例として適用する
・同じ問題に必ず直面している

ずっと水平線の続くかぎり！

⬆

部署内・同一組織内だけ＝内弁慶（A lion at home and a mouse abroad）

・秘密主義で……
・外には、強くいえない……
・同じ問題があるのか？

内　外

外では、おとなしいのです？

「横展開」ということばをご存じですね。ときに「水平展開」といったりもします。うまく問題解決できたら、それを他の部署や事業部でも、同じように展開していくということです。ところが、この横展開が案外うまくいきません。

実際、自部署で起きることは、同じことが、他部署でも起きているはずです。自分と同じことを、他者もしているはずです。自部署でうまく問題解決できたのですから、他者や他部署でも、同じように解決できるはずです。うまく適用したいですね。

なぜ、そうできないのでしょうか。

内弁慶であるから、シャイでなかなか強くいえない、自分とは直接関連しないから、おせっかいな奴と思われたくないから、といろいろでしょうか。このため水平展開できず、ムダを生んでいることがよくあります。あえていうなら、問題解決のコツは秘密でも何でもありません。全社的に、組織横断でムダやムリを生まないためには、この横展開こそが必要なのです。

どのようにすれば、水平展開できるのでしょうか。

問題解決のための横展開・水平展開は、形式ではなく本質を伝えてください。発表のために事例発表するのではなく、他部署でほんとうに使いやすいように、どこに問題があるのか、解決にあたってどこで苦労したのかを重点に、他部署に教えてやってください。横展開のコツは、結果を知らせるのと同時に、その過程を伝えることにあります。とくに問題解決の場合は、その解決過程を伝達することを忘れないでください。

さて、横展開の危険性ですが、企業秘密が他社に簡単にまねをされる危険性があるということです。外国企業に真似される危険性は、日本の多くの製造業が感じ始めています。これまでなら他国の企業にはけっして追いつかれないという自信を持っていたものが、最近では自分の背中のすぐ近くまで追いつかれたという危機感に変わっています。しかし、それは簡単に横展開できるという証拠でもあります。他社は別として、自社内では水平展開して、問題解決をすすめてください。

即改善できなければ、生き残れない

●●●●●●● 問題解決は改善＋変革の繰り返し ●●●●●●●

1：まずは改善から、そして変革する

改善・変革（Improve/Innovate）

・少しずつ向上させる（改善）
・新しいやり方・企画・事業を創造する（変革）
・現状を変える、変えないことは悪

必要に応じて、変えることダ！

⬆

固執・墨守（Stick to）

・これまでどおりが一番
・必要なアカを落としたら死んでしまう！
・問題の先送り

なんといっても、これしかない！

問題解決がすすまない大きな原因として、いつも「これまでのやり方」への執着があげられる。「慣れ親しんだものは、そう簡単に変えられない」とか、「これまで、うまくいっていたんだから、それが一番」という人が多いが、そこまで固執・墨守するのはなぜだろうか。

　たしかに、**変えたくないものはあるし、なかなか変えにくいものもある**。筆者は、「同じ垢（アカ）でも、落とすべき垢とそうではないものがある」とたえずいっている。落としたらいけない垢を間違って洗い落としてしまうと、死んでしまう。それでは困る。

　われわれが粘着質なのは、米を主食にする国であるから、いたし方ない面がないではない（？）。だが、外部環境の変化に対応して、変化させるべきものは、変化させる。そのために、日常的にたえず改善を心がける。昨日より今日、今日より明日と、少しでもムダ・ムラ・ムリがないように、改善をしていく。加えて、大きな改善を図る必要があることがある。それが変革である。

　「改善」と「変革」とでは、質的なちがいがある。改善はこれまでのやり方を基本に、その上で悪い箇所を少しずつ改める方式であるのに対して、変革はこれまでのやり方そのものを見直し、まったく新しいやり方を考えだすことである。だから、改善の延長線上に変革（あるいは改革ともいう）があるわけではない。

　しかし即、改善が問われている。悪ければ、すぐに改めることが大切である。時代は、あなたの歩みに合せてくれない。即時の改善が問われているのだ。ちょっとした停滞がそれこそ死につながる。製造業など、まさにグローバルな闘いの真っ最中にあって、即、改善できないなら、取り残され、生き残れない。

　朝令暮改は、たしかに疲れる面がある。しかし旧弊にしがみついていると、明日への展望がなくなるのが現在である。改善と変革の両側面から現状を変えていくことが問われている。**「問題解決＝改善＋変革」の繰り返しといっても過言ではない**。変えるべきものは変える。変えていけないものは、頑として変えず残す。それは何か。

ジャストインタイムの精神で問題解決を

••••••••••• "ドタバタ主義" から脱却せよ •••••••••••

J：ジャストインタイムで

Just In Time（間に合う）

・5分前の原則（作業開始に必要なゆとりを持って）
・「後工程はお客さま」の考えから
・真の意味での「問題解決」

⬆

Just On Time（ちょうど、ギリギリに）

・ぎりぎりに切羽詰まって、息せききって
・丁度、時間どおりでも、周囲と合わない
・問題は、なんとかクリアしても、再発する

危険な横断をしていませんか？
青信号が点滅しています！
赤信号になっていますよ！

「ジャストインタイム」（JIT）は、現在を読み解くキーワードのひとつである。これは、けっして生産管理だけに関係するわけではない。あらゆるところで、この哲学を活かしたい。必要なものを、必要なときに、必要な量で供給することは、問題解決の本筋でもある。

しかし、「ジャストインタイム」ということば自体は方針語であり、実態がよく理解できていないことがある。たとえば、「午前10時から会議が始まるとすると、何時に集まればジャストインタイムなのか」。案外、この問いに答えられない。多い回答は「10時ちょうど」だが、これは「イン」と「オン」を勘ちがいしている。「10時ちょうど」は、「ジャストオンタイム」（JOT）である。

このように方針語は、その哲学をよく理解して行動することが必要である。上の例では、むしろ9時55分がジャストインタイムの集合時刻で、10時ちょうどには会議が粛々と開催できるようになっていなければならない。もちろん、ある人にとっては、準備などで10分前が「インタイム」であることもありえる。

早々と30分前に会議室に来て、時間を持て余しているのは困るが、**会議開催という後の工程を考えて、参集時間を考えるのがジャストインタイムの精神であり、考え方、行動のしかたである。**

最近は若者を中心に、ぎりぎり一杯で仕事を切り抜けようとする人が多い。これは、体力的にも自信があって、ぎりぎりでも何とか間に合うという考えがあるのだろうが、これでは周りに迷惑がかかることになりかねない。

すべて仕事をすすめるにあたっては、「後工程はお客さま」の考え方から、前もってきちんと準備して、納期に確実に間に合うようにしなければならない。企業が納入遅延で他社に迷惑をかけることは、ジャストインタイムの精神にもっとも反する。

JOTではなく、JITで考えるのは、ただ時間を問いかけているのではない。後の工程（仕事）を頭に入れ行動するということである。

いずれにしろ、ジャストインタイムでの問題解決を図りたいものだ。

4

日常管理を徹底すれば、問題は自ずと解決する

● 職場メンバーの役割を明確に ●

> 職場にどんなに問題が存在しようとも、問題解決、問題解決と力む必要はない。
> 日常、あたりまえのことを、あたりまえに実施すれば、問題は自ずと解決するからである。
> これを日常管理という。日常管理は、平たくいうと、PDCAのサークルを回すことである。「計画」「実施」「検討」「処置」を日々、きちんと実行するだけである。
> 最近では、コストやコミュニケーションにも注意を払う必要はありますが……。

「PDCAのサークル」が仕事の基本

●●●●●●● 確実に回せば、問題は自然に解決する ●●●●●●●

PDCAを回せ！

計画 → 実施 → 検討 → 処置

計画づくりから（PDCAサークルその１）

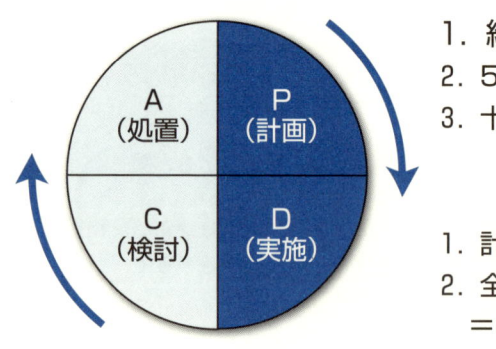

A（処置）	P（計画）
C（検討）	D（実施）

P（計画）
1. 紙に書く
2. 5W2H
3. 十分に練る

D（実施）
1. 計画どおり
2. 全員参加 ＝役割分担

いきなりDoにするな！

※サークルはサイクルともいうが、円のように回し続けることから、サークルの方が理解しやすい。

PDCAは、日本の国が一番輝いていた1970〜1980年代に、TQC・TQM活動をとおし研究され続けた仕事のやり方、仕事の手順（ステップ）である。PDCAとは、「計画（Plan）」、「実施（Do）」、「検討（Check）」、「処置（Action）」それぞれの頭文字を取ったもので、根っからのTQC屋さんは、PDCAを「管理のサイクル」と称することが多い。

　日常、PDCAのサークルを確実に回せば、問題は自然に解決するし、問題意識が醸成されやすい。組織全体や各職場でPDCAサークルを回せば、"問題解決の蟻地獄"から抜け出せるのである。

　だが現実には、PDCAのサークルがうまく回らない。それは、PDCAを理解していない20代から30代前半の若手や中堅社員が多くなってきたためでもある。1990年以降に入社した彼らは、会社からPDCAを教えてもらう機会がなかった。それ以前に入社した人のあいだでは比較的共通語になっており、理解はあるのに、彼らには共通言語になっていないのである。

　驚くべきことに、ISOが花盛りの時代に入社した若手社員は、"Action"をISOが教えるように、"Act"と間違って理解していることがある。ここは提唱元である日本で考えられたようにActionのAである。欧米人はむしろ、輝いていた日本を学んで、PDCAサークルを使っているのである。外国でいっているのを、鵜呑みにしないことだ。

　PDCAは、計画づくりから始まる。「計画八分」ということばもあるように、**良い計画は最終的に良い結果につながる**。計画は、紙に書く必要がある。頭の中にあるものは計画といわず、アイデアという。頭の中のものは、他者から評価されないため、けっしてレベルアップしない。

　実施（すなわち、実行）は計画どおり行う。しかし計画が甘いと、実行段階でトラブる。仕事は複数の職場が関わって遂行されるものである。不十分な計画では、全員が最適でかつ応分な役割を果たせない。また皆が同じことをすれば、効率を悪くする。全員が参加して、かつそれぞれが自分の役割を果たす必要がある。これを「役割分担」というが、言うは易く、行うは難しである。

実施した仕事を検討し、次の手を打つ

●●●●●●●● 標準化するか、対策を講じるか ●●●●●●●●

PDCAを回せ！

計画 → 実施 → 検討 → 処置

検討と処置（PDCAサークルその２）

C段階　　A段階
○ ➡ 標準化
× ➡ 対策

1. チェック方向は２つ
   ○
   ×

2. P、Dした本人がまず多角的に

3. C＝P－D（計画－実績）

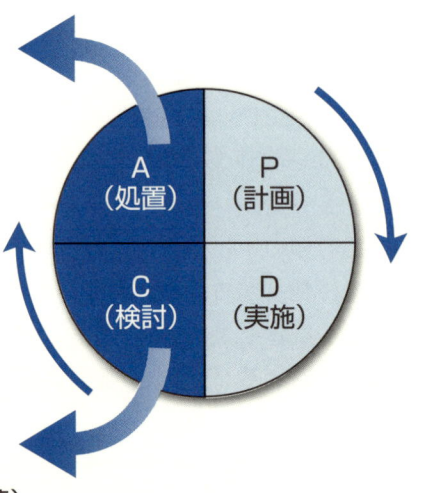

仕事の遂行にあたっての手順PDCAの後半は、チェック（検討）、アクション（処置）の２段階である。計画をつくり、実行に移したら、その後直ちに、検討をする。

　この段階では、まず実施者自らが、しっかり内容を検討することである。もちろん、上司などの第三者による**評価は重要である。しかし検討の原点は自己チェック、すなわち自主点検であることを忘れてはならない**。仕事の出来ばえの評価は、自分でやるものなのだ。これが客観的であればあるほど、仕事の結果も良くなる。

　もうひとつチェック段階での留意点は、検討方向を、うまくいった「〇」とうまくいっていない「×」の２方向に限定し、「〇」と「×」の間に「△」を置かないことである。「△」すなわち「まあまあ」は、うまくいったのはどこで、そうでないのはどこかの２方向に再度分類する。そうしないと、評価があいまいになるだけでなく、次の一手が打たれないことになる。

　チェックができると、今度は処置である。処置は、検討（チェック）段階が「〇」か「×」かによって対応が分かれる。**「〇」である場合の処置を「標準化」という**。ある計画に従って実施したところ、良い結果になったわけであるから、そのやり方を紙に書いて、次回も同じような結果がでるようにする。これが標準化である。

　チェックしたら「×」であった場合は、標準化しても、結果は目に見えている。だから、必要な対策を講じなければいけない。つまり手を打つ。その計画どおり実施したところ、結果が悪かったのだから、早急に対応策をとるわけである。

　問題解決という視点からさらに注意するなら、対策は確実に問題を「解く」解決策であることだ。その場しのぎの対処が"もぐらたたき"のようになされても、問題は解決していないことが多い。

　前項の説明と合せて、PDCAはこのように回せばよい。そうすればトラブルは起きないし、トラブルが発生したとしても、その余波は限定される。さらに敷衍するなら、PDCAを回せば、問題は自ずと解決することになる。日常PDCAを回していれば、問題は解決できるのである。

5W2Hを考えて仕事にとりかかる

•••••• "Why" で始まり "How much" で終わる ••••••

5W2Hの正しい順序

（ここから）

Why	ナゼか	目的は何か、背景は
What	ナニを	具体的な実施事項
When	イツ	時期、タイミング
Where	ドコで	場所、関連組織
Who	ダレが	氏名（フルネーム）
How	ドノヨウニ	実施方法、手段
How much	イクラ	必要な費用

（ここまで）

※「目的」は表面的なものから、本質的（核）にあたるものまで存在する。
　どれだけ本質的な目的をつかんで、行動するかが重要といえる。
※「費用」も、外部流出のような直接費はつかんでいても、人件費のように見えにくいものを忘れることがある。

5W2Hの最適化をはかる！

PDCAサークルを回しながら、いつも5W2Hで考えることが期待される。ところが実際は、ついつい4W1Hで考えてしまう。忘れるのは、もっとも重要な"Why"と"How much"である。

　5W2Hは、"Why"で始まり、"How much"で終わる。これが筆者の持論である。何を考えても、どのような対応をするときも、いつも5W2Hを考える。そうすれば自ずと問題は解決するし、トラブルの発生を未然に防ぐことができる。

　そもそも設定型の問題は、目的から考えるのが当然である。設定型の問題においては、トラブルなどのマイナス的なことが発生しているわけではないが、仕事の目的やその背景から、新たに発生するかもしれない問題を設定する。発生型の問題も「なぜ、なぜ……」と原因を追究すれば、問題解決を容易にする。これが"Why"から始まるということだ。

　5W2Hで最後に考えるべき要素は、"How much"、つまり「いくら」である。この場合の"How much"は量を問いかけているのではなく、費用・経費・原価・コスト・予算などのお金がらみを指す。広義の"How much"は"How"の一部である。しかし方法論とこの費用とは別ものである。これを忘れて、仕事にとりかかってはならない。仕事は、「いくら」の要素なしには成り立たない。

　他の4つの要素は、この2つを押さえれば、自ずとついてくるはずだ。目的を明確にしておき、かける費用はいくらかをはっきりさせれば、「いつ」、「どこで」、「誰が」、「どのように」するべきか、自明とはいえなくても、おおよそ予測できるのではないか。子どものとき学校で作文の時間に、「いつ、どこで、誰が……」と教わると、どうしてもその癖から抜けきれずに、肝心な点を忘れる。

　なかには5W1H派や6W3H派もいて、それぞれ持論をお持ちであろう。しかし1つ目のWは"Why"であり、最後のHが"How much"というのは、問題を真に解決するカギであるとご理解いただけるだろう。この2つを忘れたり、また順序を入れ換えてしまうことが、どれほど問題を未解決に終わらせるかは、いうまでもない。

職場全員でPDCAサークルを回す

・・・・・・・・・・・ 上司と部下の協働が重要 ・・・・・・・・・・・

両者でPDCAすること

	管理・監督職、上司	部下・後輩
Plan	全体計画	担当部分の進捗・検討
Do	指示・命令とコーチング 部分的な援助	実　行
Check	業務全体の 進捗・検討	担当部分の 進捗・検討
Action	両者で標準化・対策の検討	

マネジメント・サークル

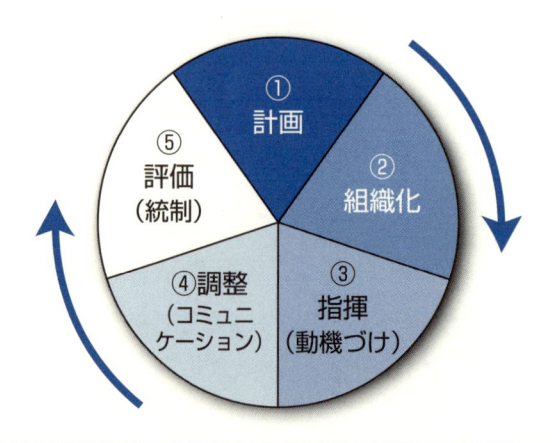

① 計画
② 組織化
③ 指揮（動機づけ）
④ 調整（コミュニケーション）
⑤ 評価（統制）

PDCAのサークルは職場の全員で回し続けることだ。第一線の業務遂行者（担当者）だけがPDCAのステップを踏めばよいわけではない。職場の他の人も回すから、業務があるべき姿で遂行されるのである。
　その代表は、職場の長である上司である。また、職場の先輩たちということである。逆に業務遂行者は、職場の部下あるいは後輩と置き換えることもできるが、要は、上司と部下が協働することが必要で、これこそが日常管理のあるべき姿といえる。
　計画の段階では、上司は全体を計画するし、部下は担当する仕事の計画づくりする。実施段階では、上司は必要な指示をだし、部下はそれに従い実行するが、細部は自分の計画による。上司は自ら、すべてを計画するのではない。また自ら、すべてを実施してしまうのではなく、うまく部下を動かす。最近「コーチング」という用語がよく使われるが、これはヒントを与えることで、部下に気づかせ実施させることといえる。米国のコーチングは「部下指導」そのものとして使われている。
　検討段階では、上司は全体の評価をするし、部下は自分の担当箇所について、進み具合という量的な側面と質的な内容という両側面から可能なかぎり客観的に評価する。
　このように検討した後、最後は処置をとる。この段階でも、両者の役割がある。上司と部下は一緒に話し合って標準化したり、対策を講ずる。標準化とは職場全体でなされるべきもので、けっして一個人によってなされるものではない。
　このような一連のPDCAは、少し別な角度から観ると、H・ファイヨールのマネジメント・サークルと同じといえる。マネジメントの先駆者の１人、ファイヨールは、企業活動をあらゆる角度から分析して「計画、組織化、指揮、調整、統制」のプロセスに分析した。筆者は、複数が関わり組織的に動くステップを、左ページ下図のサークルに要約している。
　PDCAを上司と部下が協働して回せば、問題は解ける、「溶ける」のである。日常、職場で確実に計画、組織化、指揮、調整、評価していれば、問題は解決できるのである。

問題解決には複数の視点が必要

●●●●●●● ただ解決すればいいというわけではない ●●●●●●●

QCDSMだけでは困る

コンプライアンス ⇔ Q 品質 / C コスト / D 納期 / S 安全 / M 士気

1. 職務権限の整備
2. 事前リスク管理体制の整備
3. 事後チェック体制の整備

※以下のような変化もある。

安全（Safety） ➡ セキュリティ・安全保障・安心（Security）

士気・やる気（Morale） ➡ マネジメント・経営管理（Management）

製造業には、「QCDSM」ということばがある。"Q"は品質（Quality）、"C"はコスト・原価（Cost）、"D"は納期（Delivery）、"S"は安全（Safety）、"M"は士気・やる気（Morale, Men）を指しており、これだけは最低限注意するべきということを要約している。

　これは、良いものを安く、納期を守って、事故なく、全員がやる気をだしてものづくりに当れということである。逆にいえば、不良品ばかりを、高く、約束した時期には間に合わず、事故を起こして、しかも職場にはやる気のなさが蔓延しながら生産してもらっては困るということである。QCDSMは、どれ1つも落とせない重要なものでる。

　それぞれの業種や業態ごとに、このような留意点をまとめたものがあるだろう。よく、職場に入ったばかりの新人に、はっきりいうべきことばとして「オアシス」（「お早うございます」、「ありがとうございます」、「失礼します」、「すみませんでした」）などと、教えていたりもする。

　このような標語、スローガンも、最近では少しずつ変化していることに注意したい。**「QCDSM」もコンプライアンス（法令遵守）の側面と合せて考えられるようになり、**個々の項目がいずれも適法に処理されているかという視点が必須となりつつある。

　品質が良く、安いものを製造しなければならない。しかし、廃棄物などは、適法に処理する必要があるということだ。不法投棄などはできないのである。かつては廃棄物を減らすために、燃やせるものは自社内で焼却していたが、これは、いけない。産業廃棄物もリサイクルすることで、地球温暖化防止へ企業も社会的な責任（CSR）を果たす必要がでてきたといえる。

　また、「QCDSM」の"S"も、**たんなる安全からセキュリティまで、"M"も、士気・やる気からマネジメントまでを指すようになった。**これらの標語が既存の意味合いだけではなくなりつつあることに注意したい。

　問題の解決においても、ただ問題が解決すればよい時代ではない。複数の視点・側面から多角的に問題解決状況を評価・測定する時代が到来したことに、理解を巡らす必要があるといえる。

4　日常管理を徹底すれば、問題は自ずと解決する

大きく変わってきたコストの考え方

"最初に市場価格ありき" の時代に

Cはコスト・原価・予算・経費・費用（Cost）

費用
- 直接原価（外部購入価値）
- 間接経費

よくつかんでいますか？

コスト把握に関しての変化

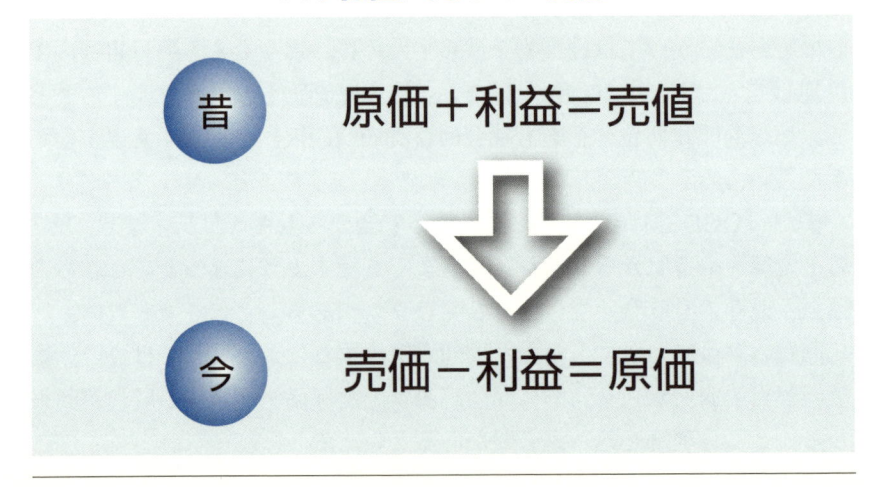

昔　原価＋利益＝売値

⇩

今　売価－利益＝原価

「QCDSM」の要素の1つ"C"は、コスト・原価であることは前項で述べた。**現実の問題解決において、この"C"の側面を抜かすことはできない**。現在進展しつつあるグローバル化の大きなうねりの下においては、むしろ問題の主役になっているともいえる。日常管理という視点からは、このコスト面への注視を避けて通ることはできない。

　コストは、大きく「直接原価」と「間接費用」に分類できる。直接原価とは、製造業では材料費、商業においては仕入れ費用である。どの業種でも、これらの「外部購入価値」（組織外へ流出する費用）全体を指す。製造業においては売価の3～4割程度、商業では6～8割程度と大きなウエイトを占めていることが多く、直接原価に目が行き届かないことはまれなはずである。

　一方の**間接費用は、販売経費や管理・間接部門の費用などが含まれ、ついつい置き忘れてしまいがちな費用**といえる。バブル経済の崩壊後、"3K"といわれた交際費・広告費・教育費などもここに含まれる。

　接待・交際費などは目立つが、これが間接経費の大半を占めるようなことはない。実際、間接経費の主力は、管理・間接部門や販売部門に携わる要員の人件費である。サービス業系の業種や各種の組織では、間接費用の半分以上が人件費であるといってもよい。それほど人件費のウエイトが大きいといえる。だからバブル経済の崩壊後、とられた処方箋の主力が人員削減であったことも理解できなくはない。

　このコストの面についてもグローバル化の進展で、内容や考え方が大きく変化してきていることに注意しておきたい。**これまでの「原価＋利益＝売価」が、確実に変化している。製造原価に必要な利益を見込んで、これまでは売値を決めていた**。しかしグローバル化時代においては、**まず市場が決める適切な売価が先に決まる**。安くかつ高品質なものが世界中から供給されるようになったからだ。

　自社の都合で売価を決めるのではなく、市場の欲する価格が優先する。市場価格が先行し、必要な利益を差し引き、原価が算出される。その原価で製造したり仕入れたりするが、かつてとは後先が逆転したわけだ。

すべて一緒に着手せず優先順位をつける

●●●●●●●●● 忙しさから脱却する基本 ●●●●●●●●●

どこから攻めるのか

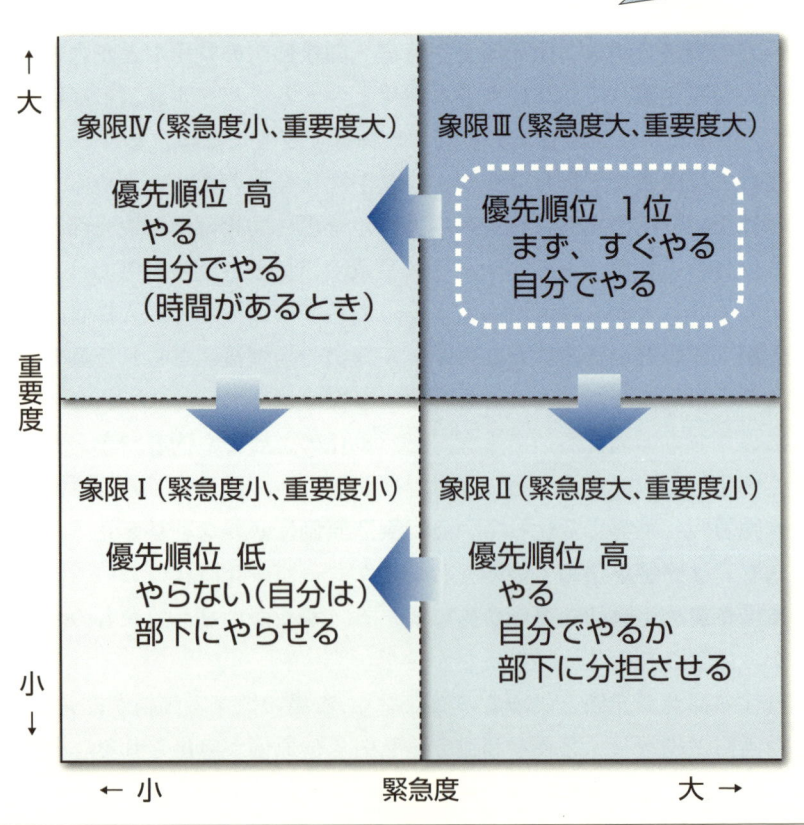

「いろいろ」ある → 「するべき」もの
　　　　　　　　 → 「しない」もの

	緊急度 小	緊急度 大
重要度 大	象限Ⅳ（緊急度小、重要度大） 優先順位 高 やる 自分でやる （時間があるとき）	象限Ⅲ（緊急度大、重要度大） 優先順位 1位 まず、すぐやる 自分でやる
重要度 小	象限Ⅰ（緊急度小、重要度小） 優先順位 低 やらない（自分は） 部下にやらせる	象限Ⅱ（緊急度大、重要度小） 優先順位 高 やる 自分でやるか 部下に分担させる

「PDCAで日常管理をすれば、問題は解決する」と、この章で述べてきた。少なくとも発生型の問題の半分は解決する。設定型の問題についても、日常管理を徹底することで問題意識が芽生えやすくなり、問題の設定が容易になる。だが現実は、なかなか日常管理が徹底できない。また、しない。この項では、**日常管理の重点は、「忙しい」や「やるべきことは、いろいろある」といった意識からの脱却であること**をお伝えしたい。

たしかに、なすべき仕事はたくさんある。しかしだからといって、どれも一緒に着手すれば完了が遅れるだけである。欲張りは何の得にもならない。多くのことを同時に実施するのは困難だ。手持ちの経営資源(ヒト・モノ・カネなど)を考えてみよう。経営資源が無尽蔵なわけがない。とくに、時間をつくりだすことは最難関である。どうすればよいのだろうか。

答えは簡単で、**優先順位を明確につけることである**。どれが先で、どれが後なのかをハッキリさせる。これが忙しさから脱却できる唯一の道である。そうでないと忙しさは永遠に続くし、より増すばかりである。

しかし、**優先順位をつける前に大切なことがある。実施「するべき」ものと「しない」ものを二分すること**が先決である。すべてを実施するのではなく、実施する必要のあるものだけを実施する。不必要なものは、実施することはないのである。ところが現実は、何でもかんでも自分でやろうとして、忙しさが強まる。まずなすべきは、実施するもの、しないものに二分することである。なすべき必要のないものに時間をかけるのは愚の骨頂といえる。

ついで、実施するものについて、その優先順位を明確にする。一般的には、重要度と緊急度から決定するといわれる。筆者は、それに反対するわけではないが、その区分に、**自分自ら実施するべきものと、他者に分担させるものを追加することで、真の意味の優先順位づけが可能である**とまとめたい。

優先順位の高いものについては、これに重点を置き、確実に実施する。そうすれば、問題は自ずと解決していくのである。多忙を理由に優先順位づけを怠ってはならないのである。

問題解決もコミュニケーションあってこそ

●●●●●●●●●●伝え、伝わってきているか●●●●●●●●●●

一方通行はコミュニケーションではない

> コミュニケーションとは、
> 複数の人が、心・感情・考え・意見・事実
> を分かち合うための、あらゆる形の
> 相互作用・活動

→ 一方通行
（コミュニケーションではない）

双方向
⇄

ターンアラウンド
（ぐるっと回ってかえる）

｝コミュニケーション

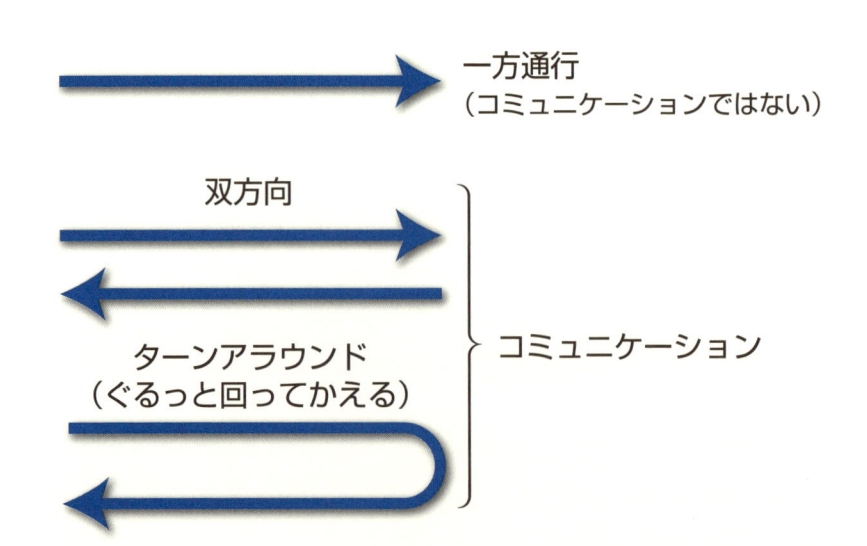

真の意味での問題解決は、職場内にコミュニケーションがあってこそ現実のものとなる。そうでないと、問題は不十分な設定にとどまったり、不十分にしか解決されないのが実態である。

　コミュニケーションがないと問題は共有されず、発生型の問題であれば、問題の発生すら伝わらない。問題解決においては、職場全体で事実を共有することが出発点である。設定型の問題解決においては、問題意識の共有が必要である。上司と部下、あるいは先輩と後輩、また職場全体でのやりとりがあってはじめて、問題解決への具体的な行動がとられるのである。

　コミュニケーションとは、双方向でのやりとりである。けっして一方通行ではない。だから、「やり」、「とり」である。

　よく、上司が部下に対して怒って「だから、いっただろう……」というが、これが一方通行の世界である。そういった結果はどうなったのか。途中経過や最終結果についての報告を聞いたり、自ら確かめたりする。これが双方向である。現実のわれわれは、まさに一方通行の世界に住んでいる。

　双方向であることを理解したら、今度は何をやりとりするのか、その内容が重要だ。左ページ上の定義の項目のうち、左ほどレベルが高く抽象度合いが強い。コミュニケートするべきは、右の事実から出発し、それをもとに意見や考えを伝え、さらにどう感ずるのか最終的には感情・心までやりとりする。これがコミュニケーションである。しかし現実には、一番の基本となる事実ですら、やりとりできない。

　末尾の「あらゆる形の」とは、いうまでもなく口頭や文書、はたまた電子上におけるやりとりをいう。「メールで送ったでしょ」は一方通行の最たるものである。けっしてコミュニケートしているわけではない。送った後、どのような反応があるのか、それを確かめることでコミュニケーションが成立する。

　こう考えると、われわれはいかにコミュニケーションがとれていないか理解できるし、また問題が解決しないのも一目瞭然といえる。

権限や役割に隙間をつくらない

●●●●●● 日常管理にモレや重複がでるのを防ぐために ●●●●●●

コミュニケーションギャップをなくす

	企画開発	営業	購買	製造	品証	業務	備考
A製品							
B製品							
C製品							
……							
……							

製品間の問題

組織間の問題

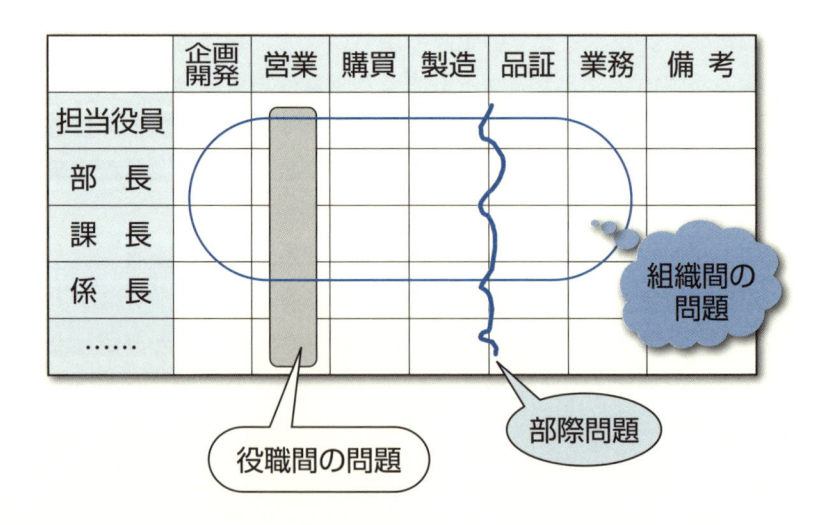

	企画開発	営業	購買	製造	品証	業務	備考
担当役員							
部　長							
課　長							
係　長							
……							

組織間の問題

部際問題

役職間の問題

日常管理がうまくいかない顕著な箇所は"隙間"(「スキマ」)である。隙間に問題が存在することが多い。隙間は、間や際、あるいはニッチといいかえてもよい。このような箇所では、隙間をとりまく両者が互いに譲り合い、ぽっかりと大きな穴をあけてしまう。逆に妙に隙間を意識して、重複してカバーしようとして、非効率さが目立ったりする。

たしかに四方八方に目配りすることは大変だ。しかし、隙間に目が行き届かないことが、どれほど大きな問題を生んできたことか。際から問題が発生するというのは歴史的にも証明されている。古今東西、新たな文明は、古い文明の中心地域からすると周辺にあたる部分で生まれている。いうならば文明の際や辺境といえる箇所である。ギリシャ・ローマの時代からそうであった。

ビジネスの世界でも、間や際に着目することが必要である。これまでもニッチや隙間から、新しい技術が生まれたり、新たな付加価値創造の種が芽生えた。問題解決においても、隙間にたえず注目することが必要である。発生型の問題なら、隙間に問題が生ずる。設定型の問題なら、隙間にこそ新たな問題を設定することができる。

左ページの上図は製品の例である。隙間が大きくなりすぎたり、重複することがある。隙間が大きければ、新たな製品の投入が可能である。そうしないと、他社がその隙間を狙って攻撃してくる可能性もある。重複が大きくなると、当然、何らかの効率が悪くなる。営業地区が重なっていれば、営業マンどおしの活動に支障が生じる。事業部制のように、事業部間でコミュニケーションがとれていないと、このような問題が頻発する。

左ページの下図は、役職者やライン長の役割についてのモデルである。役職間と部門(部署でもよい)間の、いうならばタテとヨコのコミュニケーションで組織の業務は遂行される。この縦糸と横糸の織りなす美しい布が、「仕事」にあたる。上位と下位の役職者の権限や役割には、重複やモレをつくらず、うまく役割分担させる。上位者の役割は、横の組織間の調整機能であり、組織内は部下に権限委譲して業務遂行させることが必要だ。このような観点で日常管理項目を確実にとらえることである。

日常管理とプロジェクトマネジメント

●●●●●●●●● 仕事そのものに大きな違いはない ●●●●●●●●●

プロジェクトマネジメントの対象

- ・統合
- ・全体目標
- ・スケジュール
- ・コスト
- ・品質
- ・人的資源
- ・進捗
- ・リスク（＋安全）
- ・調達
- ・士気（モラール）

プロジェクト活動と通常業務のちがい

プロジェクト	通常業務
・1回性	・日常性(何回も繰り返される)
・多様性(要員など)	・単一性(いつものメンバー)
・複数性(要員など)	・担当者による単独も
・有期限性	・(半)永続的

※「プロジェクト」「マネジメント」と2つカタカナ語が並ぶと、何か怪しさを感じませんか？
これは、マネジメント・コンサルタントの独り言です。
何かこなれていないというか、本質がぼけるような。

「プロジェクトマネジメント」ということばが身近になってきた。米国のプロジェクトマネジメント協会（PMI）では、**プロジェクトマネジメントに関する知識体系**（通常、"PMBOK"といわれている）**をほぼ左ページの上に示したような区分をしている**（正確には、9分野に分けており、右下の「士気」は入っていない。ただし、他のプロジェクトマネジメントの定義には含まれることもある）。

　この区分をよく見てみると、筆者の唱える日常管理の対象とさほど変わりはない。5W2Hとどこがちがうかというと、せいぜい最初の統合性のような点だけである。**こういった知識や教育訓練の諸方面においては、世界中が相互に学び合っている結果といえる**。このような側面から、対象項目を何度も見直し、PDCAを徹底することが日常管理である。そうすれば、確実に問題解決がすすむのだ。

　むしろ「プロジェクト」とは何かということが問題である。各種のプロジェクトマネジメントを推進する団体は、主にIT関連であったりして、プロジェクトを日常とは切り離された"特別に"、"大きな"取り組みごとのように限定しがちである。**筆者はそうではなく、日々あらゆる職場メンバーが取り組む、あるまとまりのある仕事である、といいたい**。皆さんが毎日直面する仕事そのものと、さほどちがいがあるわけではないのである。

　つまり問題解決は、プロジェクトをつくり、襟を正して取り組むべきものだけではない、といいたいのである。この章では、日常管理をしっかりすれば、問題は自ずと解決することを問いかけたかった。**各種のプロジェクトマネジメント活動の目的は何らかの問題解決のための取り組みである**。しかし、それは日常管理の世界とまったく隔絶するものではなく、小さなちがいでしかない。

　プロジェクトの結成には、何らかの一定期間継続する目的があり日常の活動とはちがう面がある。日常の通常業務とのちがいを左ページの下に整理した。日常管理で問題解決を継続的に実施しながら、問題解決のため特別なプロジェクトを立ち上げることも必要といえる。

5 「要因追究型」で問題解決する

● 現状の把握から問題解決は始まる ●

> 真の意味での問題解決は、この章の「要因追究型」の問題解決に始まる。
> 要因追究型の問題解決は、現状把握、解決策の作成、変革推進の3段階に区分される。問題を解決するには、徹底して現状を把握する。また要因から真因を明確にして、その真因を根絶する必要がある。
> しかし、どれほど良いアイデアがでたとしても、それを実行しないと問題は解決しない。つまり変革の推進にまで、心配りすることが期待される。

問題解決の基礎となる3つのステージ

●●●●●●●●● 現状把握、解決案の作成、変革推進 ●●●●●●●●●

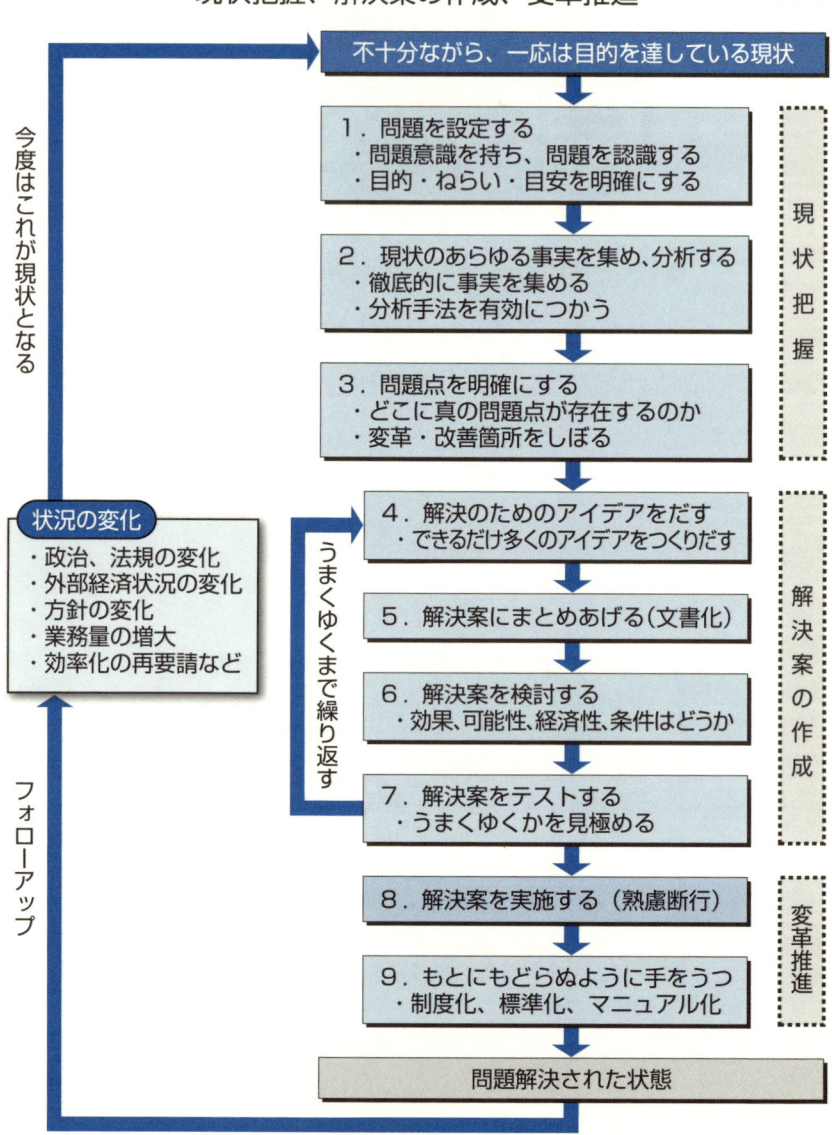

不十分ながら、一応は目的を達している現状

1. 問題を設定する
   ・問題意識を持ち、問題を認識する
   ・目的・ねらい・目安を明確にする

2. 現状のあらゆる事実を集め、分析する
   ・徹底的に事実を集める
   ・分析手法を有効につかう

3. 問題点を明確にする
   ・どこに真の問題点が存在するのか
   ・変革・改善箇所をしぼる

〔現状把握〕

4. 解決のためのアイデアをだす
   ・できるだけ多くのアイデアをつくりだす

5. 解決案にまとめあげる（文書化）

6. 解決案を検討する
   ・効果、可能性、経済性、条件はどうか

7. 解決案をテストする
   ・うまくゆくかを見極める

うまくゆくまで繰り返す

〔解決案の作成〕

8. 解決案を実施する（熟慮断行）

9. もとにもどらぬように手をうつ
   ・制度化、標準化、マニュアル化

〔変革推進〕

問題解決された状態

今度はこれが現状となる

状況の変化
・政治、法規の変化
・外部経済状況の変化
・方針の変化
・業務量の増大
・効率化の再要請など

フォローアップ

日常管理を徹底すれば、おのずと問題は解決すると、前章で述べてきたが、それだけですべての問題が解決するわけではない。この章では、発生型の問題（顕在既知、顕在未知の両タイプ）を主力とする要因追究型の問題解決についてまとめてみよう。

　突然クレイムが発生するなど、何らかの問題解決の必要性が発生し、プロジェクトチームを編成するなどして、問題解決のために行動を起こす。このような非日常型の問題解決がこの章のテーマだが、前章の日常型の問題解決も含めた一般的な解決手順をまず考えてみよう。

　「現状把握」、「解決案の作成」、「変革推進」の３つのステージは、あらゆる問題解決の基礎でもあり、発生型の問題解決においても、この手順を踏むことが必須である。設定型の問題解決については、次章でまとめるが、この流れを念頭に置くことが必要である。

　問題解決にあたり、この３つの段階を順に踏むことが求められる。いきなり、「解決案の作成」から入ってはならない。着実に手順どおり、まず現状把握から始める。確実に事実を拾い、現状把握する。ついで現状を打破する解決策を検討して、まとめあげる。その案がよければ、変革の推進を徹底する。これが問題を解決する大まかなステージである。

　問題解決のコツは、周知を集めることである。１人の天才による単独の問題解決は、真に問題を解決しないことが多い。われわれは、複数で問題を解決する方法を推奨する。現状の把握は、その業務担当者の協力なしに不可能だ。担当者が複数なら、できるだけ多くの人から現状を聞き、解決案を提案してもらう。多角的な分析や思わぬアイデアは、問題解決のプロジェクトチームのメンバーだけでなく、現実にその仕事に携わる多くの人からの知らせや提案に良いヒントがある。

　これらのステップが踏まれないのは、具体的な手順の上にある現状に半ば責任がある。つまり現状は不十分ではあるが、けっして不合格ではないということだ。不合格なら、確実に問題解決の手順がとられるだろう。しかし現状は、中途半端に合格点をとっているので、なかなか問題解決の第一歩が踏み出されないということである。

現状をつかまずには問題は解決できない

●●●●●●●●●"悪くなる原因"を徹底して明らかに●●●●●●●●●

問題解決のステージ１　現状把握

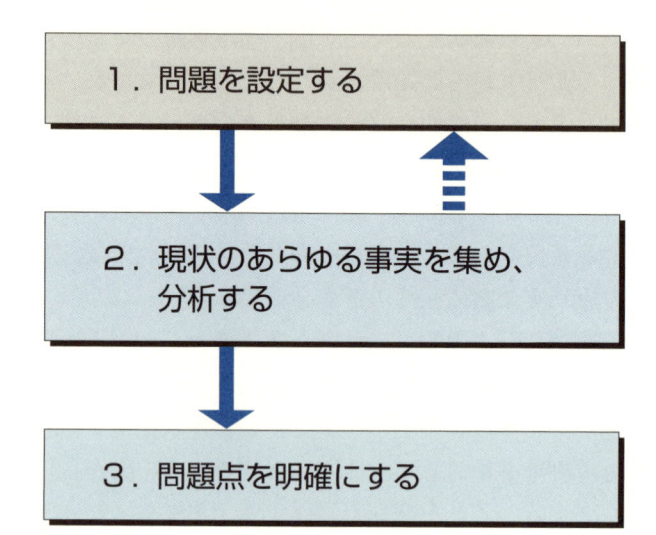

```
┌─────────────────────────────┐
│ １．問題を設定する              │
└─────────────────────────────┘
     │                    ▲
     ▼                    ┊
┌─────────────────────────────┐
│ ２．現状のあらゆる事実を集め、   │
│    分析する                  │
└─────────────────────────────┘
     │
     ▼
┌─────────────────────────────┐
│ ３．問題点を明確にする          │
└─────────────────────────────┘
```

　顕在既知の問題であれば、左側の実線の流れだけでよい。しかし顕在未知の問題なら、右の逆方向の流れ（青の破線）を加味して、問題の設定を繰り返すことである。
　この双方向性が弱いと、問題形成が不十分であるだけでなく、問題解決そのものが不十分に終わる可能性が強い。

現状を把握することから、**問題解決は始まる**。現状把握ステージは左ページに掲げたような３手順、すなわち「１．問題設定」、「２．事実の収集・分析」、「３．問題点の明確化」に細分化される。現状を正確につかめば、問題はおのずと解決する。

　設定型の問題の解決は、問題設定なしにはすすまない。これは自明である。しかし、クレイムの発生というような発生型の問題においても、"詳細な"問題の設定が必要である。事実を集め、分析する２番目の手順と最初の問題設定とは、行ったり来たりするである。

　たとえば、「書類のとりだしに時間がかかる」と漠然と疑問を感じているとする。これは問題設定ではなく、問題意識や問題形成の入り口である。とりだしに時間がかかるのは事実だとしても、どのような種類の書類のとりだしに時間がかかるのか、どこに置かれている文書が時間を要するのかを特定していくことが必要である。**問題の設定とはこのように、問題をより明確なものにすることをいう。**

　問題の設定は「行きつ戻りつ」である。３手順のうち、はじめの問題設定と２番目の事実の収集は、発生型の問題でも、このような繰り返しをしながら、最終的に３番目の問題点の明確化、つまり問題点の特定に入ることになる。

　原因の究明を徹底して、問題点を特定する。問題は「熱がある」とするなら、問題点はカゼなのか盲腸なのか、病巣の特定をすることである。事実が収集されないと、問題点の特定に失敗する。問題点の特定には、現地・現物で事実がつかまれることが大前提となる。

　最初のステップの「問題」と３番目のステップ「問題点」とは、当然別ものである。前者の「問題」は、あるべき姿と現状の格差でとりあげて解決するべき課題を指す。後者の「問題点」は、その格差を生じさせる核・本質をいう。より具体的にいうなら、"悪くなる原因"である。

　いずれにしろ、問題点の特定をあいまいにして、対策（解決案）に先走っても問題は解決しない。現状把握があいまいなまま、解決案を作成しないことである。

アイデアをだしあって解決案をまとめる

●●●●●●● 4つの手順を繰り返し、ベストなものを ●●●●●●●

問題解決のステージ２　解決案の作成

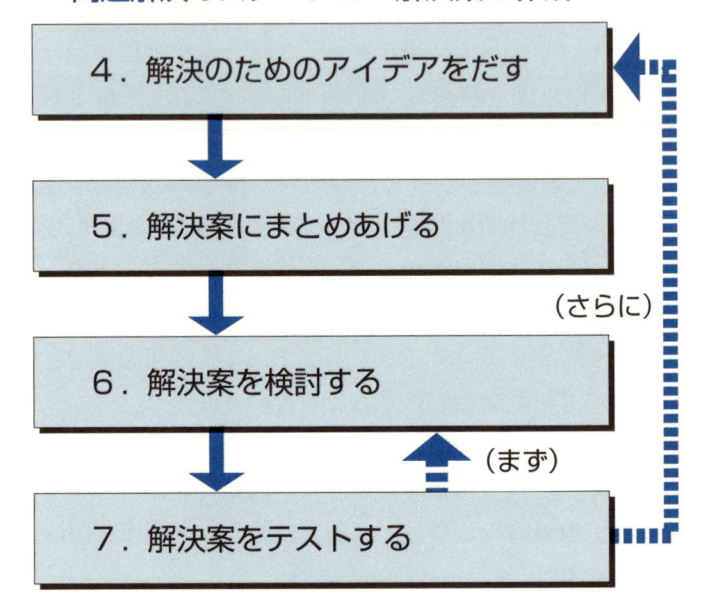

```
┌─────────────────────────────┐
│  4．解決のためのアイデアをだす  │←─┐
└─────────────────────────────┘  │
              ↓                   │
┌─────────────────────────────┐  │
│  5．解決案にまとめあげる        │  │
└─────────────────────────────┘  │
              ↓                   │（さらに）
┌─────────────────────────────┐  │
│  6．解決案を検討する           │  │
└─────────────────────────────┘  │
              ↓      ↑（まず）     │
┌─────────────────────────────┐  │
│  7．解決案をテストする         │──┘
└─────────────────────────────┘
```

解決案の評価表

項目＼ウエイト	斬新さ	効果	可能性	コスト	影響度	定着性	総合
解決案	25	20	15	15	10	15	100

※これはサンプルである。このような評価表を作成して、解決案を評価する。
上の例では、案の斬新さにウエイトを置いている。
解決目的によってウエイトは変化させる。

現状を把握したら、次に問題点を解決する案の作成に移る。これが問題解決の2つ目のステージである。この解決案の作成には、左ページに示すように手順が4つある。手順4の「アイデアだし」、5の「文書化」、6の「比較検討」、7の「テスト」である。

　手順4の「解決のためのアイデアだし」については、なるべくたくさんの人が関わることが大原則である。たとえ問題解決の達人がいたとしても、「例の」、「いつもの」案でうまく解決できるとは限らないからである。**とにかく多くの、いろいろな角度からアイデアをだす。「量が質を生む」のは事実である**。はじめから質を高くしようとすると、必要な量に達しないどころか、質が落ちる。

　手順5は「解決案にまとめあげる」文書化だが、この段階では概要から詳細までを文書にまとめあげる。「アイデア倒れ」ということばがあるが、紙に書かれていないものは、他者から評価されることがない。自分自身でも、客観的に判断することもできない。でてきたアイデアを現実に移しかえるには、文書化能力が問われる。

　手順6の「解決案の検討」は、どの案がよりうまくいく可能性が強いのか、効果が大きいのかを評価する段階である。客観的な評価が、複数の関係者によってなされるような体制づくりが必要である。総合評価だけがすべてではない。一点突破型の問題解決方法が、よりよい結果につながることもある。評価項目にはウエイトがあるということだろう。

　解決案の作成の最後は、手順7「解決案のテスト」である。前の手順で評価が高いものから、実際に試行してみて再評価する。テストがうまくいかないなら、次に評価の高いものから試行して、評価を繰り返す。

　以上の流れが解決案の作成段階である。**手順4のアイデアだしから手順7の解決案のテストまでには、やはり双方向性やフィードバック性が問われる**。テストした案がうまくいかなければ、手順6の段階で優先順位の高いものからテストを繰り返す。それでも不十分なら、さらに戻り、アイデアだしの手順4まで戻って、順次繰り返す。

　テスト結果がよければ、問題なく次のステージ変革推進にすすむ。

解決案を作成したら、熟慮断行あるのみ

●●●●●●●●● 問題解決の支援組織づくりの必要性 ●●●●●●●●●

問題解決のステージ3　変革推進

> 8. 解決案を実施する（熟慮断行）

> 9. もとにもどらぬように手をうつ

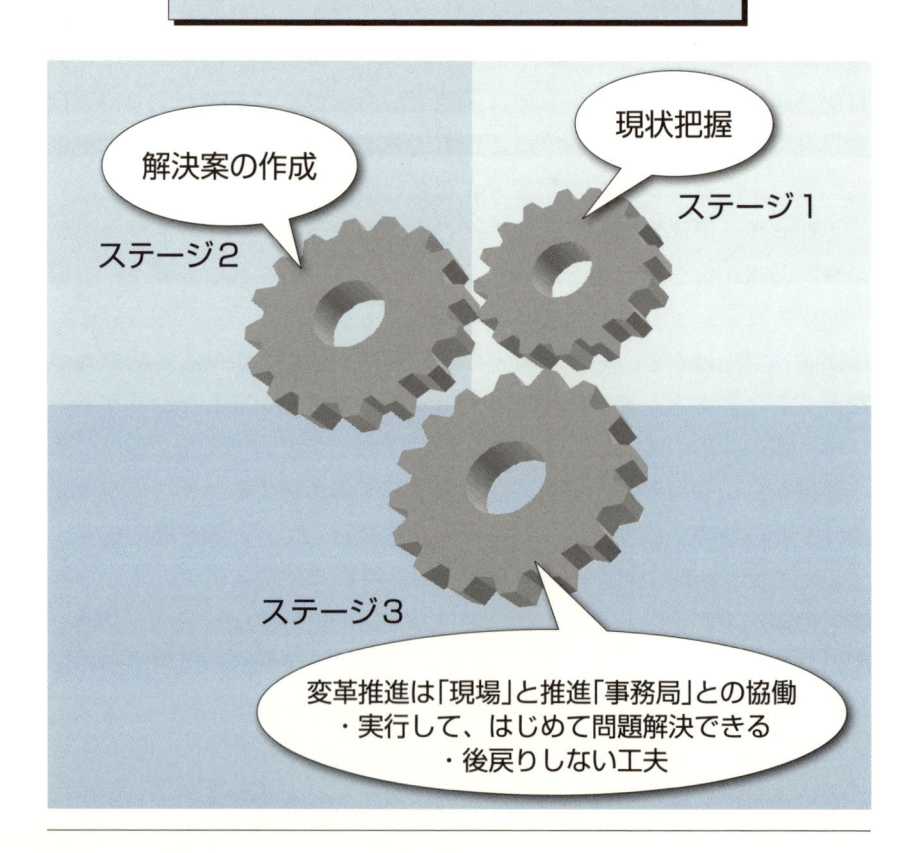

- 解決案の作成　ステージ2
- 現状把握　ステージ1
- ステージ3
- 変革推進は「現場」と推進「事務局」との協働
  ・実行して、はじめて問題解決できる
  ・後戻りしない工夫

問題解決の第2ステージである解決案の作成は、テストで締めくくられる。結果がよければ、第3ステージの変革推進に入る。ここでは第2ステージでまとめた解決案を、自信を持って展開すればよい。

　手順8の「解決案の実施（熟慮断行）」は、組織全体（会社全体）での実施を念頭に置いている。組織の一部分や部署レベルでの実施なら、第4章で扱った日常管理（あるいは「改善」）の延長線上である。**このステージは「変革推進」であり、多部門・多部署での変革、すなわち多くの組織を対象とした問題解決である。**

　問題解決の主体は問題を抱える現場だが、その現場だけに問題解決を任せてはならない。組織としての問題解決には、それを推進する事務局などの支援組織を設置することである。

　この支援組織は、問題解決が容易になるように必要な経営資源を準備し、情報提供・交換のため体制をつくり、さらに予定どおり進展しているかを把握して、必要な支援を行う。せっかく作成された解決案が実施されないのは、こうした全社的な支援組織がうまく動いていないことが多い。または第一線が、問題を表面的にとらえたり、「いつもの対策」で解決しようとしたような場合といえる。

　手順9「もとにもどらぬように手をうつ」は、問題解決の全体を制度化・標準化・システム化することである。せっかく解決できた状態を、後戻りさせてはいけない。そのためには、解決プロセスを共有化することである。共有化とはつぎのようなことで、こうすれば「顕在既知」の問題は実に簡単に解決できるのである。つまり、きちんと標準やマニュアルを作成して、公式化する。それを周知徹底して、同様な問題が発生したときに効率的に取り組む、である。

　留意するべきは、このように解決された状態も、状況の変化があれば、また初期の不十分な状態に戻ることである。その背景は、この章の1項にあるように政治や法規の変化など各種あるが、その場合、手順1から、同じような手順を繰り返すことになる。現状は、また問題解決できていない状態になることを理解しておこう。

逸脱タイプの問題と未達タイプの問題

●●●●●●●●●● 発生型の問題設定は両側面から ●●●●●●●●●●

仕事の「あるべき」姿

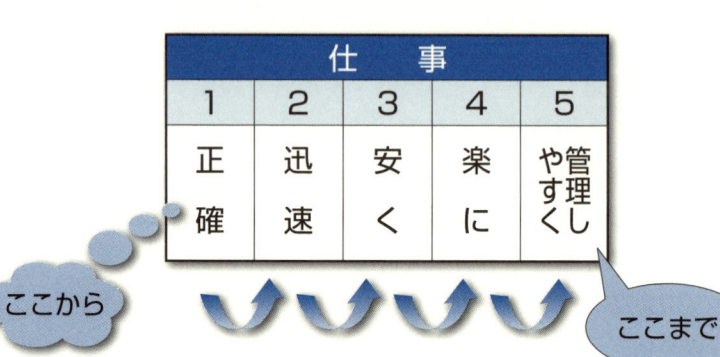

仕　　事				
1	2	3	4	5
正確	迅速	安く	楽に	管理しやすく

ここから　　　　　　　　　　　　　　ここまで

2つの型

逸脱タイプ

(過去)　↓目標レベル（計画）　(現在)

原因

ギャップ＝問題

未達タイプ

(過去)　↓目標レベル（計画）　(現在)

原因

ギャップ＝問題

仕事のあるべき姿と現状を比較すれば、問題は容易に設定できる。発生型の問題においても同様である。仕事の5本柱は、「正確」、「迅速」、「安く」、「楽に」、「管理しやすく」の5つである（簡略して「セイ・ソク・アン・ラク・カン」といっている）。この5つを、この順に追求する。最初は、まず正確に仕事を実施することを期待する。いきなり速くを期待すると、すでにあるべき「正しく」も守られない。要はこの順に、段々と「管理しやすく」まで昇ることが、あるべき姿である。

発生型の問題を設定するにあたって、問題は「逸脱」タイプと「未達」タイプの2つの型に分類できる。逸脱タイプは主に顕在既知の問題であり、未達タイプはほぼ顕在未知（か潜在型）の問題といえるが、逸脱・未達の両タイプで把握することが、発生型の問題設定で必要となる。注意しないと、未達タイプを忘れてしまう。

前者の逸脱タイプの問題というのは、かつては正確さが満たされていたのが、現在は満たされなくなったというように、あるべき姿（標準値）や目標からズレが生じ、そのズレが管理限界を超えてしまうような状態を指す。これまでは維持されていたものが、最近急激に悪化したような場合である。具体的には、品質不良、納入遅延、コスト高、クレイムの続発などである。

後者の未達タイプの問題というのは、現在までに到達するべき水準に、何らかの原因で到達できなかった状態を指す。かつて作成した計画どおりに、現状が届かない状態をいう。具体的には、営業の売上目標が達成できない、改善提案件数が達成できない、品質不良低減やコスト削減が期待どおりすすまないなどである。未達状態の原因を、計画作成段階の間違えとしてはいけない。

両タイプの問題は、あるべき「セイ・ソク・アン・ラク・カン」の状態と現状を比較してみれば、自然に問題のありかがわかるといえる。これらの型の問題解決には、徹底した原因追究や真因の明確化が必要である。ただし両タイプとも、目標のあるべき水準と現状に大きな差が生じてから対応すると、問題を解決するのに大きな労力を要することになる。

ムダ・ムラ・ムリの発見で問題設定する

•••••• 見ているようで見ていない、気づいていない ••••••

ムダをなくす

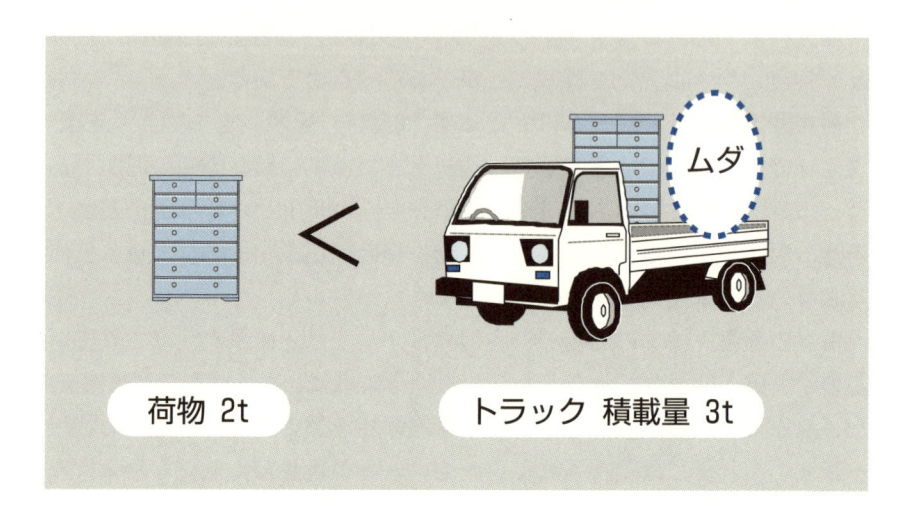

荷物 2t < トラック 積載量 3t　→ ムダ

目的と手段の関係から

- 目的 < 手段 → ムダ
- 目的 = 手段 → 最適
- 目的 > 手段 → ムリ

（ムダ・ムリ）→ ムラ

発生型の問題に関する「問題の設定」は、ムダ・ムラ・ムリ（「３ム」）の発見と同意語といってよい。

　２トンの荷物を運ぶのに、積載量３トンのトラックを用意したなら、ムダが生ずる。また、２トンの荷物は積載量１トンのトラックでは運べず、これをムリという。２トンの荷物を運ぶのには、積載量が丁度合う２トンのトラックを用意する。これを「最適な状態」というが、この状況がバラツクことをムラという。

　この例を、目的と手段の関係に置き換えれば、より正確にムダ・ムラ・ムリの関係を表すことができる。２トンの荷物を運ぶのに、積載量３トンのトラックを用意するのは、「目的＜手段」といえる。積載量１トンのトラックを用意するのは、「目的＞手段」となる。「目的＝手段」の関係をつくることが、ムダ・ムラ・ムリを起こさないコツである。

　このようなムダ・ムラ・ムリが、企業全体や職場単位で起きているのを発見すれば、問題は用意に設定できる。

　だが、われわれは仕事の現状を見ているようで、見ていない。トラックでの運搬の例でいえば、ついつい時間に追われて、荷物を確認せずにトラックを用意してしまう。かりに重量は条件どおりでも、容量（体積）や風袋（荷姿）が条件に合うところまでは気がまわらない。結果、いざ運送しようとすると、ムダ・ムラ・ムリに囲まれているという塩梅だ。

　問題の設定では、たえず仕事の目的と手段が釣り合っているのか、目的を最初に確認して、その目的に合致した手段が採られているのかどうかを判断すればよいのである。手段の先行ではなく、目的は何なのかとたえず再確認すれば、問題の発見や設定が可能といえる。これは0403項でまとめた「5W2HはWhyから」と同じことでもある。

　ムダ・ムリについては比較的目立つが、ムラについては見落としがちである。ところがムラこそ、現実の世界では最も頻繁な問題といえる。たとえば担当者による差。ある人がやればうまくいくのに、別な人がやるとそうではない。こんなことは、誰でも気づく。それでも、これを問題としないのは、「3ム」を理解していないとしかいいようがない。

報告を鵜呑みにせず事実を把握する

●●●●●●● 問題解決のカギは現地・現物にあり ●●●●●●●

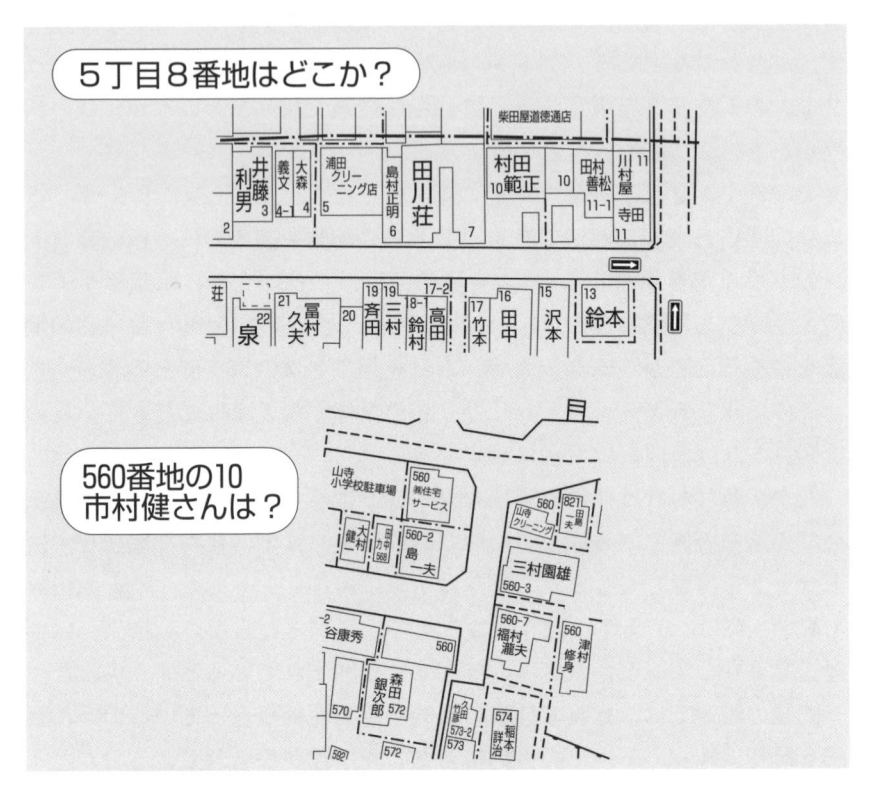

5丁目8番地はどこか？

560番地の10
市村健さんは？

書類がとりだせるまでの時間チェックシート (件数)

処理の日からの期間	書類がとりだせるまでの時間						計
	1分以内	3分以内	5分以内	10分以内	30分以内	30分超	
1年以内の文書	192	56	12	6	1	2	269
3年以内の文書	23	26	4	2	0	0	55
5年以内の文書	2	2	2	1	0	0	7
10年以内の文書	0	0	0	0	3	0	3
10年を超える文書	0	0	0	0	0	1	1
計	217	84	18	9	4	3	335

サンプル採集期間：平成18年10月16日～20日

問題を発見し、設定できたら、今度は手順２の「現状のあらゆる事実を集め、分析する」である。この段階の方向づけについては、これまでも述べた（0307項など）が、まず「現地・現物」や"Go and See for yourself"であることだ。**要は、報告や連絡だけでは不十分だということである。**ついで収集した事実をきちんと分析して、自分自身やまわりの考えも入れて評価を適正に行うことといえる。

　だが現実には事実がつかまれないため、問題が解決しない。左ページの上の図は、ある住宅訪問調査における事例である。住宅を個別訪問し、インタビュー調査をする機会があった。インタビューが目的だから、当然、調査員自身が動き、個人宅を訪問しなければならない。調査責任者が一般的な地域区分地図を配布して、調査員を訪問させたところ、「効率が悪いので、住宅地図を配布して欲しい」と調査員から要望がでた。そこで、効率を考え調査員の意見を採り入れることにした。

　この地区の調査員は、正確に住宅地図にマークをつけ、調査をしようとした。しかし住宅地図上には存在しない箇所は、「不明」として訪問せず、結果として、不明箇所が何件か残った。調査責任者が、確認のため後日、実際に地区を回ってみると、例とした２件ともわかりにくくはあるが、実在した。「田川荘」の中に「５丁目８番地」が存在した。また、「山寺クリーニング」が「560番地の10　市村健」宅だったのである。

　下の表の調査「書類がすぐとりだせない」についても同様である。当初の問題意識は調査の結果、この係では存在しないことがわかる。とりだしが３分を超えたのは、全体の１割程度である。また５年以内の文書は98％が５分以内にとりだし可能であり、書類整理はけっして悪くない。ところが、隣の係（同一の課内）では、３分を超えるものが、全体の25％を超え、当初とは別の部署に問題が存在することが判明した。

　これらの事例を紹介することもなく、すべて問題の解決には、現状把握ステージ、手順２「事実を集め、分析する」が重要であることをご理解いただけるものと考える。事実は足で集めると知ってはいても、つくづく驚くべきことが浮き出るものである。

問題点を系統図で絞り込む

●●●●●●● 真因を追究できなければ時間がムダになる ●●●●●●●

真因を追究する

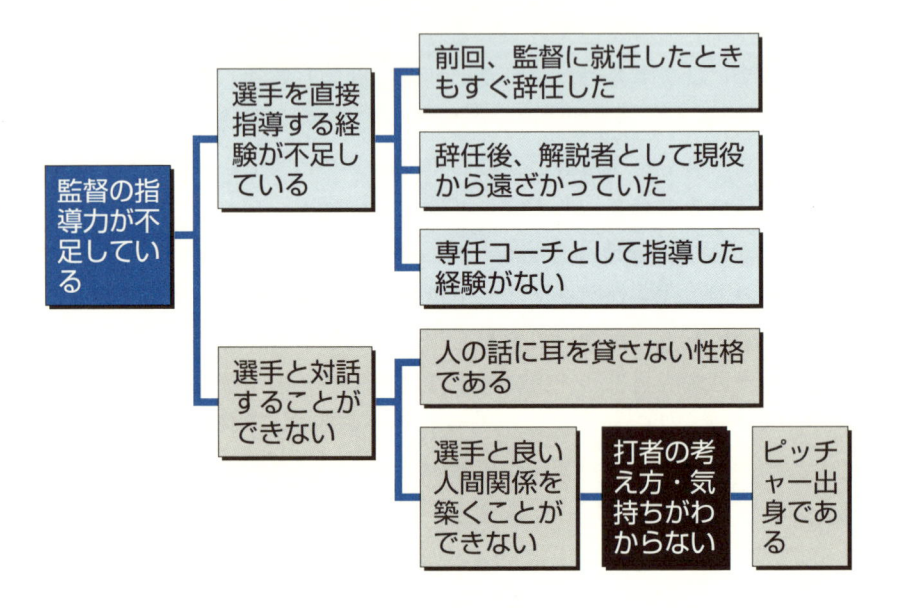

```
監督の指導力が不足している
├─ 選手を直接指導する経験が不足している
│   ├─ 前回、監督に就任したときもすぐ辞任した
│   ├─ 辞任後、解説者として現役から遠ざかっていた
│   └─ 専任コーチとして指導した経験がない
└─ 選手と対話することができない
    ├─ 人の話に耳を貸さない性格である
    └─ 選手と良い人間関係を築くことができない
        └─ 打者の考え方・気持ちがわからない
            └─ ピッチャー出身である
```

結果と原因の連鎖

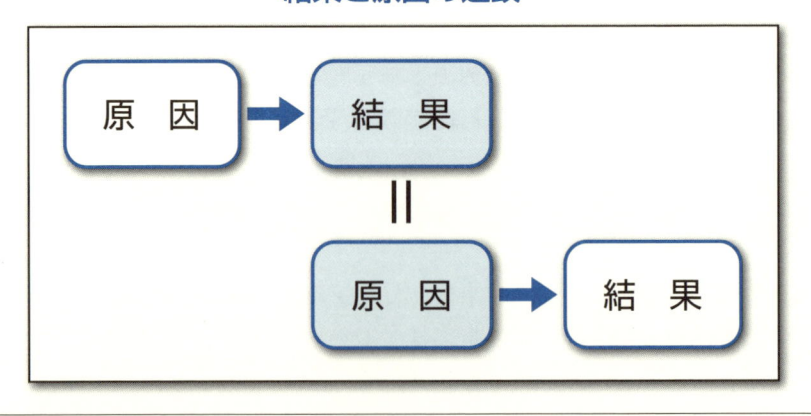

原因 → 結果
‖
原因 → 結果

事実の収集を終え分析・評価したら、今度は**手順３「問題点の明確化」**
に入る。この段階では、まず問題点を追究し、次いで変革・改善箇所を
特定する。前半の問題点の追究では、事実から得られる分析結果を徹底
的に掘り下げ、原因を突き詰め、究めていく。これを「真因追究」という。
　しかし、真因追究のかわりに次のようなことをやると、問題解決まで
ムダな時間がかかるだけでなく、経費の増加にもつながる。――現実を
誤魔化す。仮の原因をあげてお茶を濁す。もっともらしい原因をあげる
が、実際そうなのかを検証しない。前回と同じ原因をあげる（前回の状
態が問題解決していない証拠となるにもかかわらず）。原因を突き詰めず、
予め用意してある「対策」を採ろうとする。
　問題点の明確化には、絞り込む（あるいは「特定」する）技術が必要
となる。**実際には、よく問題点系統図（あるいは「原因系統図」、「なぜな**
ぜ図」ともいわれる）を使用する。左ページの例では、「野球の監督の指
導力が不足するのはなぜか」を突き詰めたものの一部分である。指導力
不足は最終的な現象であり、**右になるほど、より深い原因といえる。左**
と右の項目の関係は、「結果－原因」の繰り返しである。
　指導力不足の原因は、まず「経験不足」と「対話（能力）不足」に二
分される。対話不足はさらに「性格」上の原因と「人間関係構築力不足」
に深掘りされている。仮に、監督の性格に原因があるなら、監督交替が
問題解決になる。だが性格ではなく、人間関係構築力不足なら、選手の
気持ちの理解できる良いコーチを付けることが、現状を打開する。
　だが経営陣は、監督交代を繰り返し、結果チームはさらに弱体化した。
これでは問題解決したことにならない。**問題解決には、一時しのぎの対**
処（あるいは対応策）ではなく、真因を打破する対策をとることが求め
られる。効果のある解決策を講ずることが求められるのである。
　なお、かつて頻繁に使用された特性要因図は説明用に転用され、最近
では真因追究にはやや勢いを失ってきている。真因の追究なしに解決案
を作成しても、何も効果があがらないことは容易に理解いただけるだろ
う。

必達、見込み、願望から適切な目標値を

・・・・・・・・・ 高すぎず、低すぎずの目標設定を ・・・・・・・・・

目標値の設定

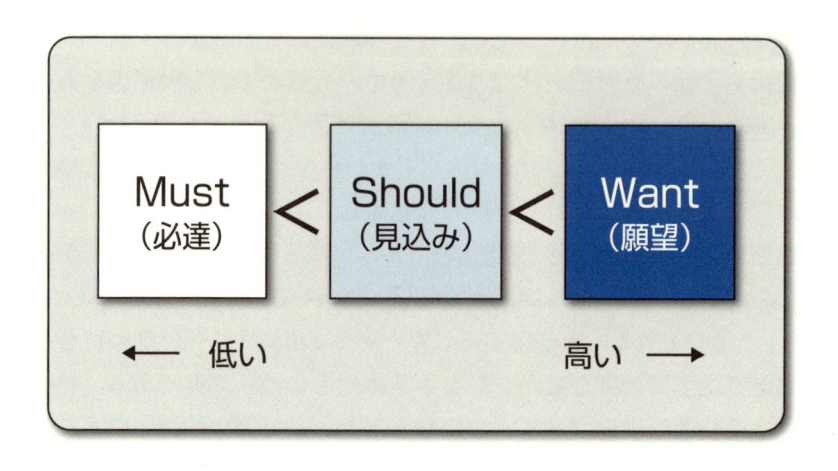

Must（必達） < Should（見込み） < Want（願望）

← 低い　　　　　高い →

手順3　問題点を明確にする

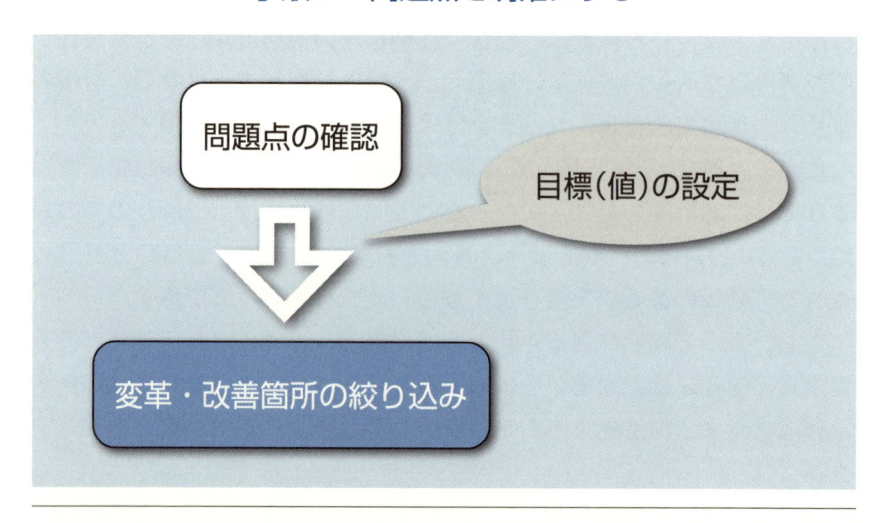

問題点の確認
↓
変革・改善箇所の絞り込み

（目標（値）の設定）

手順3「問題点の明確化」の前半は真因追究で、後半は変革・改善箇所の特定だった。**両者の間には、「目標（値）の決定」という避けて通ることができない部分が含まれる。この点についても、解決案の作成の前に、よく検討しておくべきである。**プロジェクトチームを編成するような非日常型の問題解決が、担当者ベースのたんなる改善と異なるのは、このような箇所でハッキリする。

　目標は、必達、見込み、願望の3段階で把握する。**必達はいうまでもなく、どのような状況になろうと達成すべき最低限の目標といえる。**必達目標に到達しないと、夏・冬2回の賞与を減額するような対応に迫られる。**願望は、「そうできたらよいな」という最高の水準をいう。**見込みは、現状の環境や社内条件を勘案すると、そこまでは多分到達するだろう、という必達と願望の中間になる。

　社外に公表する目標は見込みで、社内的には願望レベルでという会社もある。いずれにしろ上司・部下の間で、また職場の全員が、どの目標値を指しているのか共通認識しておく。目標の意味を知らずに、高すぎる目標を設定して、その結果、未達に終わると、職場全体のやる気低下につながるだけである。今回設定する目標は、3段階のどのレベルかをきちんと理解しておくことだ。

　問題を解決した後のあるべき姿について、解決者本人とその上司にギャップが存在しては、両者で実施する評価・検討段階での一致がむずかしくなる。真の問題解決には、目標値のレベル合せが大切だ。かの泰斗**P・ドラッカーは、たえず「顧客とは誰か」と同時に、目標について「高い仕事の基準」や「自己管理（統制）」の重要性を説いた**（『現代の経営』第11章「目標と自己管理によるマネジメント」など）。

　目標についてのレベル合せは、変革・改善箇所の絞り込みと同意語といえ、いよいよ、解決案の作成の段階に入ることができるのである。しかしながら、**問題解決は「対策立案」重点（ステージ2）というよりは「現状把握」（ステージ1）にこそ重点があるのを忘れてはならない。**現状把握を終えることでこそ、解決案の作成に入ることができる。

発生型の問題の解決案作成手法

●●●●●●●●●●●最も一般的な「ECRS」の活用を●●●●●●●●●●●

ECRS

- 廃止（Eliminate）　まず
- 結合（Combine）
- 交換（Rearrange）
- 簡素化（Simplify）　最後に

オズボーンのチェックリスト

- 他に使い道はないか・代用できないか？
- 拡大できないか・縮小できないか？
- 組合せられないか？
- 入れ換えられないか・逆にできないか？
- 他からアイデアを借りられないか？

ステージ１の現状把握が終われば、今度はステージ２解決案の作成である。問題解決というと、どうしてもこの段階からを頭に置いてしまう人も多いが、実際の問題解決は現状把握から始まっている。

　現状把握の段階の後半である**手順３「問題点の明確化」**などは、明らかに**特定化あるいは収斂・収束させるテクニックが必要**である。一方、**解決案の作成には、拡散と収斂の両機能を合せることが必要**だ。**手順４「アイデアだし」**などの前半部分では**拡散機能**が、**手順６「解決案の検討」では収斂機能**がという具合である。

　解決案の作成でもっとも手頃なのは、複数のアイデアをだす手順４である。ここで、一般的な手法が左ページに紹介した「ECRS」である。いずれも、廃止・除去、結合・組合せ、交換・順序替え、簡素化の英単語の４つの頭文字をとっている。

　この４つは、種類であることと同時に、使用する順序を表している。この常用パターンをものにしたい。**最初に使うのは「なくせないか、やめられないか」の廃止原則**である。次いで**「一緒にできないか」の結合原則の順**ということである。もちろん交換や簡素化は、それらの後になる。そうしないと効果が小さくなる。結合原則など、ラジカセのようにわれわれ日本人のお得意とする方式で、すぐ用いたくなるが、最初は「なくせないか」から始める。

　この段階には、各種の創造力開発技法が役に立つ。KJ法、NM法をはじめとして何種類もの手法・技法が存在する。習得するだけで時間を要するのも事実で、**要は会社全体や部署の全員が共通して使いこなせる手法が１つあれば、問題解決にはずい分役に立つ**。

　オズボーン（米国の広告コンサルタント）のチェックリストなどの「拡大したら」、「縮小したら」、「転用したら」などのアイデアだし方式も使いやすい。何種類もといわずECRSから、そしてオズボーンのチェックリストと、簡単なものでかつ使いやすいものをアイデアだし用に習得しておこう。もちろん、これだけが全てではないが、これだけでも活用すれば、問題解決にすぐ役立つのである。

「ビジョン設定型」で問題解決する

●将来像を描くことから問題解決は始まる●

> 「設定型の問題」に関する問題解決には、要因追究型とは別のアプローチをとる。これを「ビジョン（＝到達目標）設定型の問題解決」という。
> このアプローチでは、最初にあるべき姿を設定する。これは大幅な目標値のレベルアップや10年後のビジョンのようなものを、目で見えるように表現することをいう。
> 到達地点をはっきりさせたら、今度は、そこへ到達する阻害要因の本質を明らかにして、その打破策を講ずることになる。

ビジョン設定型の問題解決とは

・・・・・・・・・レベルアップ型と中長期型・・・・・・・・・

問題解決の3段階

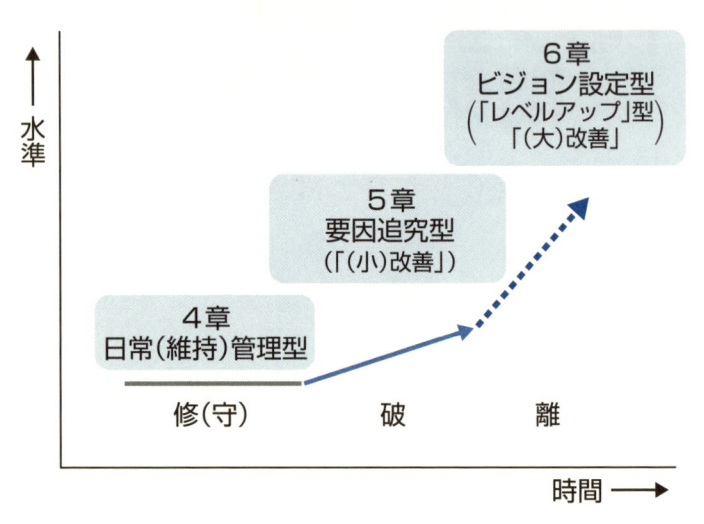

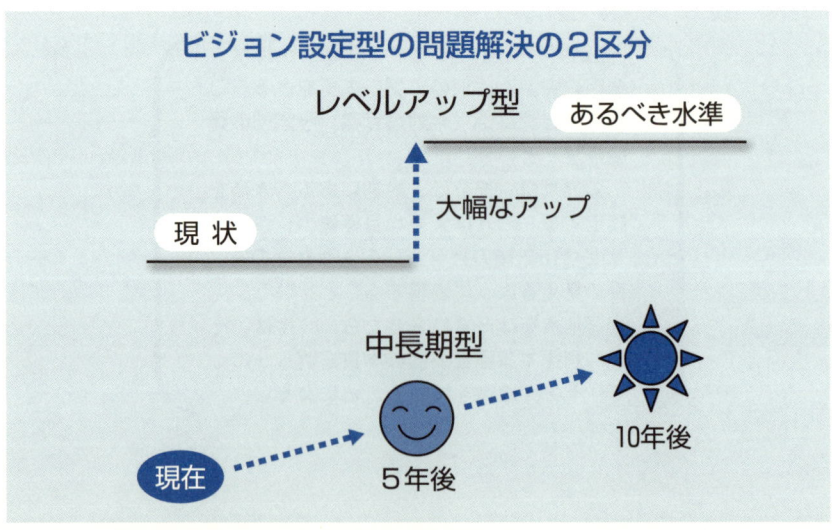

水準 ↑

- 4章 日常（維持）管理型
- 5章 要因追究型（「(小)改善」）
- 6章 ビジョン設定型（「レベルアップ」型）「(大)改善」

修（守）　破　離

時間 →

ビジョン設定型の問題解決の2区分

レベルアップ型

あるべき水準

現状　大幅なアップ

中長期型

現在 → 5年後 → 10年後

潜在既知と潜在未知のビジョン（＝到達目標）設定型の問題解決は、前章で述べた要因追究型の問題解決（現状把握→解決案の作成→変革推進）とは、順序がまったく逆に近いといえる。
　ビジョン設定型の問題解決は、大きく「レベルアップ型」と「中長期型」に２分できる。前者は、現状より大幅に水準を高める場合の問題解決である。後者は現在から20年後、10年後、５年後あるいは３年後を見通した問題解決をいい、企業戦略の策定、役所系の組織では政策立案などにもこの考え方が使われる。
　毎日忙しさに追い回されていると、問題が起きて即改善をするものの、時間をおかず、また同じ問題が再発するということがけっこう多い。これは、改善を実施したかもしれないが、真の意味で問題解決していなかった証拠である。このような**発生型の問題を大幅に改善しようとする活動も、レベルアップ型の問題解決といってよい**。
　日常に追われると、われわれは先をついつい考えなくなる。10年後にどうあるべきか、と問いかけなくなる。将来像を明確にするのが、中長期型の問題解決である。この場合いくら現状分析しても、10年後のあるべき姿が描けるわけではない。この種の問題解決には、発生型の問題とは別のアプローチをとらざるをえない。今日に追いかけられすぎて、中長期の課題解決を忘れれば、組織に将来はない。
　発生型の問題では、現状把握のためよくインタビューする。インタビューから本音が聞き出せるのは、よほど変革が問われていたり、困っているときだけである。**設定型の問題では事実の把握以前に、どうしたいのかという意志から出発する。将来は「どのようにありたいのか」、「どうあるべきなのか」を見越した意志があって初めて、設定型の問題の解決が始まるのである**。
　この発想法は、要因追究型の問題解決とは別の思考、方法論であり、ビジョン設定型の問題解決方法の教育訓練なしに、設定型の問題を解決するのは困難である。中産連では、このためにVICTOR（「ビクター」）手法を開発し、実用に供してきた。

到達地点の明確化からスタート

●●●●●●●●● 演繹的な考え方で問題を解決 ●●●●●●●●●

中産連 VICTOR 手法とは

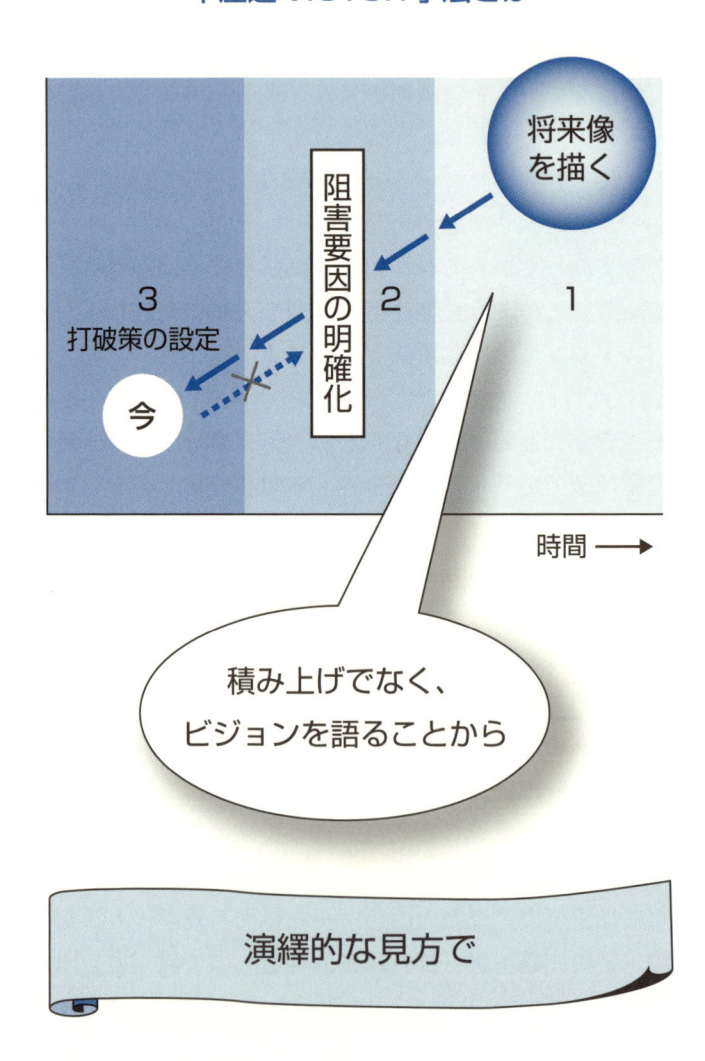

将来像を描く

3 打破策の設定
2 阻害要因の明確化
1

今

時間 →

積み上げでなく、ビジョンを語ることから

演繹的な見方で

ビジョン設定型の問題解決の手順は、左ページに示すように、「将来像を描く」ステージ、「阻害要因の明確化」ステージ、「打破策の設定」ステージの３段階となる。

　まず将来像を描く。たとえば10年後に「こうありたい」、「こうなっていたい」とあるべき姿を明確に表現する。これは手段ではなく、状態で表現することが大切である。「〇〇する」と手段表現するのではなく、「こうなっているゾ」と状態でうたいあげる（状態表現）ところから、ビジョン設定型の問題解決は始まるのである（0103項参照）。

　ついで、あるべき姿に到達することを阻む要因を明らかにする。阻害要因とは、このままいけば突き当たり、あるべき姿に到達させない障害物のことである。この障害物はいろいろ考えられるが、そのなかでも奥底にあり、それを打破しないかぎりあるべき姿に到達できないものを「本質的問題」という。各種の阻害要因のなかから、この本質的問題に焦点を合せることが必要である。

　最後に、その阻害要因を除去する解決策を検討し、実施する。これは打破戦略・戦術と細分化され、最終的には日程化されなければならない。日程化とは、誰が、何を、いつまでに、どのように……と5W2Hで考え、具体的にどのようにするか設定することをいう。このようにすれば、設定型の問題は解決できる。

　このようなアプローチを演繹的な考え方という。ところが現実は、これとは逆の積上げ型、すなわち発生型の問題解決と同じようなアプローチをとって問題解決しようとしがちである。これでは発生型の問題は解決できても、設定型の問題は解決できない。要因追究型の問題解決の名手は、必ずしもビジョン設定型の問題解決の上手とはいえないのだ。

　ビジョン設定型の問題解決は、「あるべき姿」（＝「ビジョン」づくり、到達目標）から始まり、ビジョンの実現に終わると要約できる。構想力やビジョン構築力、そのような大局的なものの見方なしに、設定型の問題の解決は不可能である。どんなに分析的なアプローチをとっても、設定型の問題は解決できないのである。

到達目標は状態表現する

・・・・・・・・ 将来像をイメージと数値目標で描く ・・・・・・・・

最初に到達目標（あるべき姿）を設定する

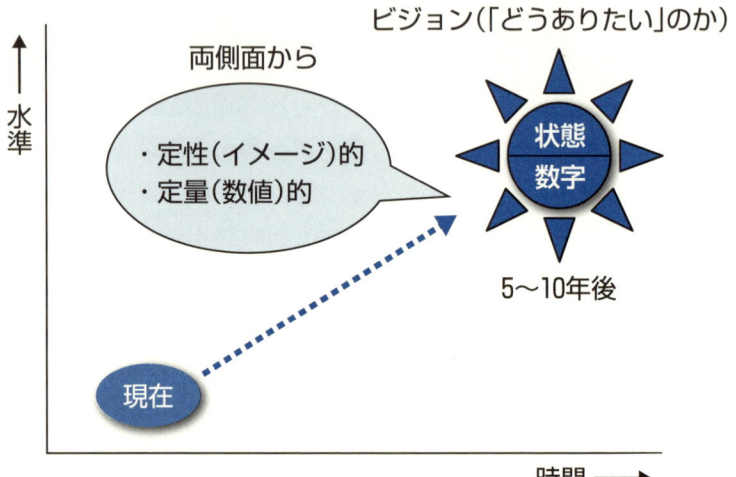

↑水準

ビジョン（「どうありたい」のか）

両側面から
・定性（イメージ）的
・定量（数値）的

状態
数字

5～10年後

現在

時間 →

状態表現とは

「○○する」
例「技術開発力を向上させる」
　「50人採用する」
　「社員を活性化する」

✕

⇩

「□□である」「△△になっている」
例「日本一の技術になっている」
　「人員規模300人になっている」
　「社員がイキイキと働いている」

ビジョン設定型の問題解決の第1ステージ「将来像を描く」とは、何年か後に、どのようになっていればよいか、あるべき姿を明確にすることである。大幅なレベルアップの結果、どのような状態に到達していればよいのか明言することである。積み上げても到達できないような目標を達成するためには、演繹的に到達目標の設定から始める。

　このあるべき姿は、イメージ（＝見えるような状態）と数値目標の両面から描く。どのような状態も数値目標の裏づけなしには現実のものとはならない。逆に、どれほど具体的でも数値目標だけでは不十分である。イメージがなければ、そこに到達するのはむずかしい。この点からも、定性的および定量的な両側面で将来像を描くことは大切である。

　あるファミリーレントランは、3店舗のときに30店舗の目標と計画を立て、30店舗になったときは300店舗の目標を新たに設定したという。しかし数合せに終わってはならない。どのように店が繁盛しているかのイメージを描けなければならない。家族が日曜の夕食をそこでとる楽しい"絵"が描けるかどうかが勝負どころだ。

　ビジョンとしてあまりに著名なのは、1963年、米国のケネディ大統領が掲げた、「60年代末までに月に人を送る」という宣言である。このビジョンは、たしかに月に人が立つ姿が見えるようである。しかも、ただ送ればよいことではないのは自明である。月に人が立っても、帰って来なければ、真の意味で送ったことにはならない。このようなビジョンで、米国は旧ソ連との宇宙競争に勝ちえたのである。

　ビジョンは現時点で実現しているわけではないから、たしかに夢の一種である。しかし、必ず達成するべき夢である。高い目標への到達、通常の改善ではけっして到達しえない高い目標値にどうしたら到達できるのか。5年、10年と時間をかけながらその地に到達できるような壮大な目標や夢、そこに到達するには、まず到達地点そのものをハッキリさせることから始まるのである。

　夢の実現には、あるべき姿が「どうなっていればよいか」を繰り返し問いかけながら、努力を重ねることでしか到達できないといえる。

「〜がある」と阻害要因を定義する

•••••• 見えにくい阻害要因を見える存在にする ••••••

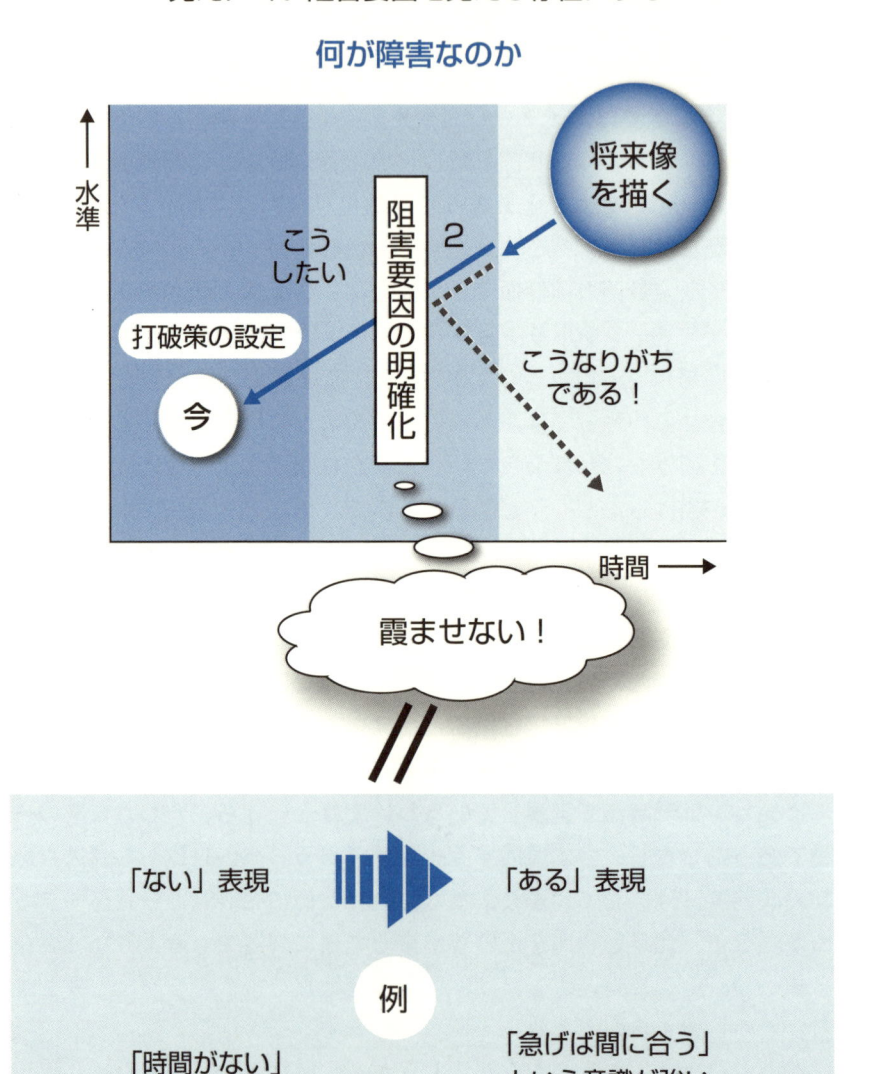

何が障害なのか

↑水準

こうしたい

阻害要因の明確化

将来像を描く

打破策の設定

今

こうなりがちである！

時間 →

霞ませない！

「ない」表現	➡	「ある」表現
	例	
「時間がない」		「急げば間に合う」という意識が強い

あるべき姿、最終目的地がハッキリしたら、そこへの到達を妨げる障害物＝阻害要因を明らかにする。「10年後にはこうなっていたい」とすると、「9年後には〇〇まで」、「8年後には〇〇まで」と現在まで接近しようとすると、どこかで現在への帰着を阻むものがある。それが阻害要因である。この阻害要因をはっきりさせるのが、ビジョン設定型の問題解決の第2ステージである。

現在から1年後、2年後……と時系列的に積上げていくのではない。あるべき姿から現在へという逆の流れである。その流れを阻む障害物は、厚く、背の高い、大きな壁といえる。レベルアップ型の問題では、大きなギャップを克服するのを阻止する壁が何であるのか明確にするのが、この段階である。壁が明らかになったら、あとは壁を打破する次の段階へとすすむ。

ところが実際は、阻害要因が見えていないことが多い。何が遮っているのか気がつかずにすすんでいき、結果は障害物に遮られ、いろいろやってはみるものの、ムダな努力の繰り返しとなる。

現在に到達する手だて、すなわち打破戦略・戦術を講ずるためには、この阻害要因をはっきりさせることが大前提といえる。「見えない敵と戦うのは大変だが、見える敵をたたくのは簡単だ」とわれわれは鼓舞する。

阻害要因を明確化するには、もうひとつポイントがある。それは阻害要因を「〇〇がない」という表現ではなく、「△△がある」と表現することである。何らかの言い訳や原因を話すとき、「時間がない（足らない）」、「お金がない」等々、つい「ない」ことを最大の原因にしがちである。「ないと表現するとダメ」というと、今度は「少ない」と書いてあるのもご愛嬌といえる。少ないも「ない」の一種なのである。

阻害要因を目に見えるようにするには、存在するものに変換することが肝腎である。「ある」からこそ、それを除去できる。だが、ついつい「ない」ことや「不足している」ことを理由にして、問題解決を阻止しているのである。これが案外むずかしく、訓練をしないとこのような表現で明確化することはできないのである。

阻害要因から本質的問題の明確化へ

●●●●●●●●● 打破するべきは本質的な問題 ●●●●●●●●●

本質的な問題とは

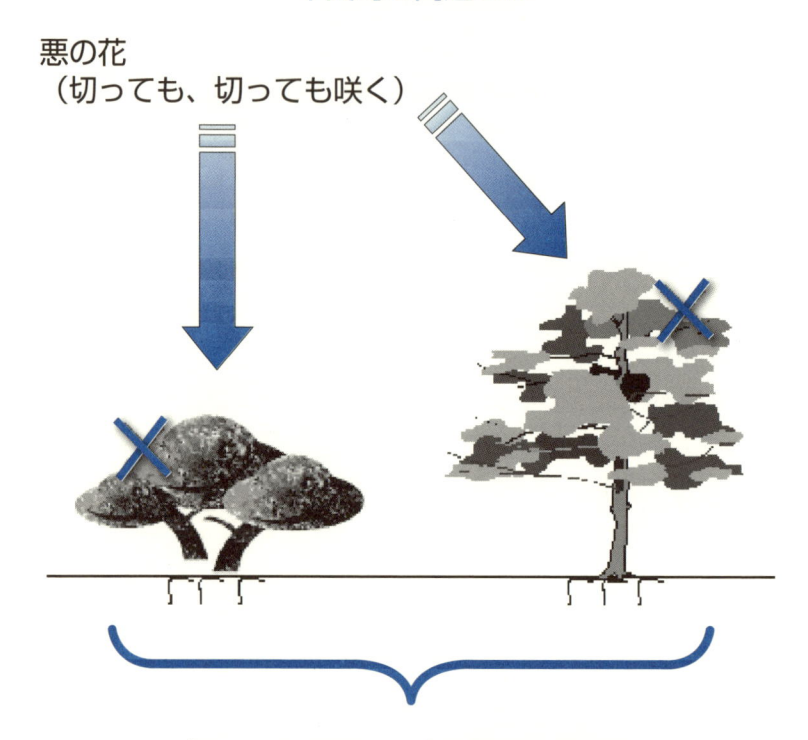

悪の花
（切っても、切っても咲く）

根っこや土壌 ＝「本質的な問題」

奥や底にあるものを、根絶するのが問題

・ある事業部で起きることが他でも起きる ┐
・改善したはずの不良が、また再発する　 ├ もぐらたたき
・いつも同じ障害にぶつかり、断念する　 ┘

阻害要因は、あるべき姿と現状の間に横たわる障害物であり、その明確化がビジョン設定型の問題解決には必須なこと、そして阻害要因は「○○がない」ではなく「△△がある」と表現することを前項でまとめた。

　たとえば、**業績が上がらないのは「やる気がない」からではなく、それをなぜか、なぜかと追究し、「本音では『今の水準で十分である』と考えている」と書き換えれば阻害要因となる**。それを「やる気が不十分」とお茶を濁してすますから、問題が解決しない。

　いろいろな障害物を分析すると、心の底にある「意識」、「ものの見方」、「価値観」というような実に見えにくいものや、逆に「○○制度」や「△△システム」というような、個人では変化させにくいものが阻害要因となっていることも多い。ときには法制度や企業の伝統のようなこともありうる。このように「ある」表現に置き換えると、それを除去するのは比較的容易である。要は阻害要因を具体的な目に見えるものにすると、突き崩す可能性につながるのである。

　阻害要因をさらに追究すると、本質的問題にたどり着く。各種のいろいろな障害物には、その底に多くの阻害要因を規定する、司る、本質的問題を有している。この本質的問題をはっきりさせないかぎり、不良の続発のように現状の"もぐらたたき"状態から脱することはできない。あるいは、現状からの大幅なレベルアップは期待できない。

　本質的問題とは、障害物の奥底にあり、それを打破しないかぎりあるべき姿に到達させないものでもある。各種の阻害要因の根底にあり、核となる障害物のことである。本質的問題は、もちろん「○○がある」と肯定表現されなければならない。形をイメージできるものは、そこに到達することも容易であるし、逆にそれを破壊することもしやすい。

　昭和40年代は学生運動の真っ盛りの時代だった。高度成長の矛盾の吹き出しが学生運動といえ、大学は破壊されかかった。実際、多くの建物が破壊された。しかし、その後の動きを見ると、それは表面だけで、学校の本質を破壊したわけではないことに、われわれは気がつく。問題解決は本質的問題の打破なしにはすすまないのも同じことだ。

本質的問題を撃破する打破策の策定

●●●●●●●●● あるべき状態と到達策の整合化 ●●●●●●●●●

本質的な問題を打破する

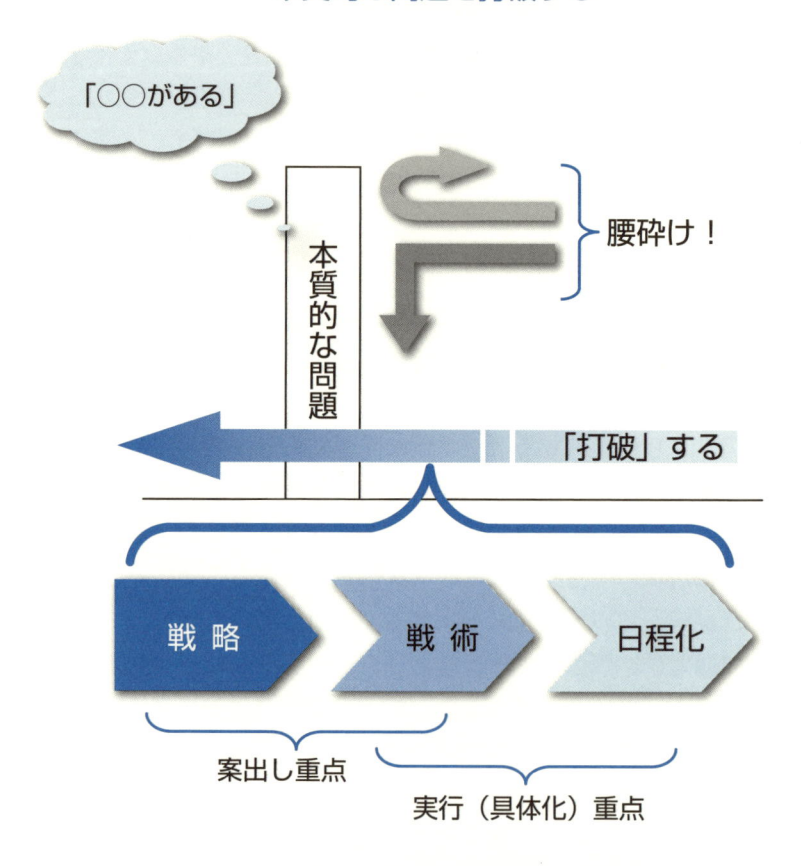

「○○がある」

本質的な問題

腰砕け！

「打破」する

戦略 → 戦術 → 日程化

案出し重点

実行（具体化）重点

このアプローチでは、問題解決しない！

ビジョン
やる気のでる職場 ⇒ 本質的な問題
権限が委譲されない ⇒ 打破策
権限を委譲する

ビジョン設定型の問題解決の第３ステージは、本質的問題を撃破する打破策を策定し遂行することである。

　標的とするのは、各種あるいろいろな阻害要因ではない。本命や核といえる本質的問題である。不良が続発するなら、その根っこにある要因をはっきりさせ、それを根絶やしにするから、不良を根絶できる。10年後の将来像を描いたら、そこへ到達可能にする手だてを採ることが、この段階では問われる。

　本質的問題を明らかにして打破することだけが、あるべき将来像と現実とを結びつける。打破とは、壁の表面に傷をつけることでも、ひっかくことでもなく、根本的にうち壊すことである。しかし、本質的問題の壁は、厚く高い。

　打開、打破のための問題解決策は、「○○がない」のを「○○をする」、たとえば「予算が足らない」ので「予算をつける」という、安直な裏返しの論理や手段ではない。予算が足らない奥に潜む理由を明確にして、そこを変革する抜本的な手段を採ることがこの段階である。もし「ビジョン」の裏返しが打開策になっているなら、１～３の解決ステージがうまくいっていない証拠である。

　この章では、ビジョン設定型の問題解決を扱っている。解決ステージは、将来像を描く、本質的問題の設定、打破策の推進の３つである。将来像は「あるべき」状態を描き、方策ではないと述べた。本質的な問題設定では「ない」表現ではなく、代わりに実在する「○○がある」方式で表現することをまとめた。

　打破策の遂行にあたっては、描かれた将来像に達するために、そこへの到達を阻む本質的問題を打破、打開できる解決策をアイデアだしし、評価し、実際に実行していくまでが、期待されている。

　このために、打破の「戦略」、「戦術」、「日程化」という３つのステップで実行に移していく。戦略や戦術が不明確ならあるべき姿には到達できないが、もっとも危惧するべきは、このような解決策や案が、練られては実行されないことの繰り返しの方であろう。

戦略について組織内共通の認識を持つ

戦術や戦闘とのちがいも明確に

戦略の要件

- ◆ 複数の戦術を包含する
- ◆ 使用する経営資源を明確にし、集中化している
- ◆ 流れ（システム・制度）で設計する
- ◆ 他との差異化ができている
- ◆ タイミング（機会）をはっきりさせている
- ◆ 組織に活性化をもたらす
- ◆ 相乗効果・横展開の可能性が強い

戦略的表現と戦術的表現

「戦略」的表現	「戦術」的表現
やる気が高まり、満足感の高い賃金制度を確立する	実績・業績対応型賃金制度を導入する
	ポイント制の退職金制度を導入する
自分の職責を理解して、仕事ができるようにする	組織を見直す
	職位と責任を見直し、権限の下位委譲をする
	方針・目標管理制度を導入する

「生き残りや活性化のための戦略をお持ちですか」と問いかけると、「そういう戦略はありません」と答える会社が多いのには驚く。あっても、「トップの頭の中にだけ」というのがせいぜいで、「神のみ知る」と哲学的なお答えいただくこともしばしばだ。

「戦略を持っている」という数少ない会社においても、戦略と称するものがずい分瑣末で、戦略-戦術-戦闘という手段の体系化（区分）が不十分なことが多い。逆に、「○○戦略会議」が、頻繁に開催される会社もあるが、これも戦略とは何かが十分に理解されていないためである。

そもそも戦略の定義がまちまちで、組織が置かれる状況により最適解も異なるのは事実である。だが同一の組織では、戦略や戦術が共通語になっていなければ、実際の活動上で齟齬が起きる。戦略が、社内の他者にとって戦術レベルであれば、多くのムダや"戦死"につながる。

筆者の立場は、「戦略についての共通認識を組織内で持つことが必要」という単純なものである。外国人は、戦略をただの計画と区分して複数年かけて取り組む、基本的な方向づけを含む大計画ととらえることが多い。第二次世界大戦前の日本軍では、「戦略は大本営などの参謀が、戦術は○○方面軍などの現地軍が作成するもの」と、立案者のちがいで定義するものが最大の差異だった。

ビジョン設定型の問題解決のため、「戦略とは新たな機会を探究するための大方針が示されるものであり、戦術とは戦略を実現する手段となるような具体的な行動が明示されるもの」と仮にまとめておく。さらに簡単に表現するなら、戦略はいくつかの戦術をまとめるものということになる。ただし、方向性が明確になっているという条件付きである。

ビジョン設定型の問題解決の第3ステージでは、本質的問題を打破する戦略、戦術を明確にして、最終的に5W2Hで日程化していくまでを計画し、推進する。誰が、何を、いつまでに、どのように…と具体的に設定することで、はじめて問題が解決するといえる。戦術と日程化のところでは、具体的な諸活動が結びつくように着手と完了とが、そして諸活動間の関係が明確になるようにする。

問題解決における思い込みを排除する

問題解決に求められるバランス感覚

トライアングルで考える

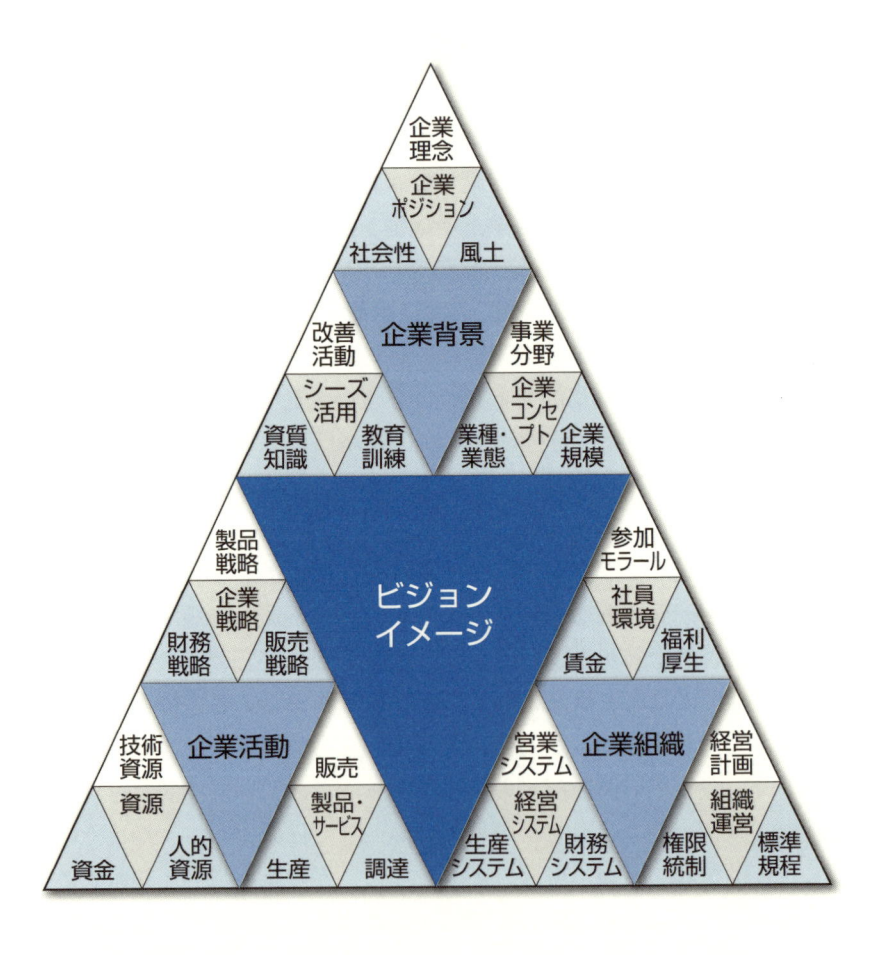

```
                    企業
                    理念
                  企業
                  ポジション
              社会性    風土
            改善    企業背景    事業
            活動              分野
          シーズ              企業
          活用              コンセプト
        資質    教育    業種・    企業
        知識    訓練    業態    規模
          製品                    参加
          戦略                    モラール
        企業                    社員
        戦略                    環境
      財務    販売          賃金    福利
      戦略    戦略                厚生
    技術    企業活動    営業    企業組織    経営
    資源              システム            計画
    資源                経営            組織
                      システム          運営
  資金  人的  製品・  生産  財務  権限  標準
        資源  サービス 調達 生産  財務  統制  規程
              生産      システム システム
```

ビジョン
イメージ

ビジョン設定型の問題解決は、問題の設定から、すべて解決者の意志に始まる。この問題解決においては、問題解決者次第なのである。

　ビジョン設定型の問題は、解決者の意志がなければ問題は存在しないし、問題を設定しても発生型とちがい、問題を解く必然性が途中で消えてしまうことがある。要は、問題解決者の意志いかんで、問題が解決するともいえるし、解決しないこともありうるわけである。

　問題解決者に問題解決の意志があったとしたら、次にそのバランス感覚が問われる。バランスを欠くと、ビジョンが活きてこない。絵に書かれた餅となる。また、アンバランスな思い込みが足を引っ張って問題が解決しないこともある。

　このバランスとは、現在と将来というような比較ではない。現在、どんなに社員数が少なくても、何年か後に〇〇人と将来像を設定して、それを達成しようとする意志を持つなら、その将来像は達成可能ではある。しかしそれは、企業コンセプトに伴う企業活動や組織と相まって初めて達成可能なものであり、人数規模だけが一人歩きするものではない。

　バランスを考えるために、左ページの要因構成表（ビジョンイメージの「トライアングル」＝三角形）を用いる。トライアングルの３大区分である企業背景、企業活動、企業組織のバランスをとることが必要である。このトライアングルは、あるべき姿の設定（ビジョン設定型の問題解決の第１ステージ）だけでなく、打破策の設定（同第３ステージ）でも使用する。打破策にアンバランスがあっても困るのだ。

　先に、将来像は状態表現することと述べた。「社員教育を計画的に実施する」ではなく、教育の結果、「〇〇分野において日本一の技術水準になっている」というのが状態表現である。また、本質的問題は、「〇〇がある」と肯定表現することが重要であるということも先述した。

　設定型の問題の定義（設定）と打開の段階では、トライアングルを使い、チェック＆バランスしてみよう。ついつい思い込みが強くなり、アンバランスなものの見方の問題設定で解決に失敗しがちになることに、すぐ気がつくはずだ。

演繹的な見方と帰納的な見方の連携を

●●●●●●● あるべき姿とコツコツ型の両面から ●●●●●●●

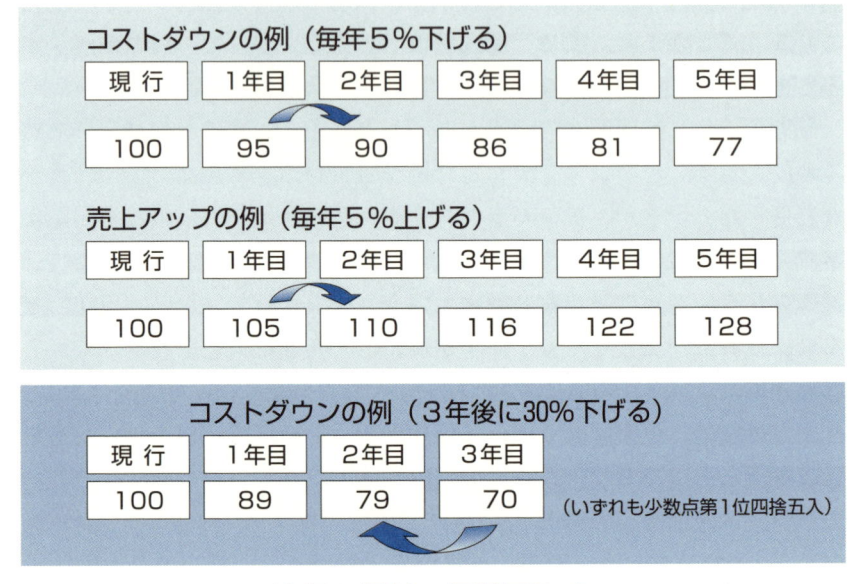

コストダウンの例（毎年5％下げる）

現行	1年目	2年目	3年目	4年目	5年目
100	95	90	86	81	77

売上アップの例（毎年5％上げる）

現行	1年目	2年目	3年目	4年目	5年目
100	105	110	116	122	128

コストダウンの例（3年後に30％下げる）

現行	1年目	2年目	3年目
100	89	79	70

（いずれも小数点第1位四捨五入）

演繹と帰納の両側面から

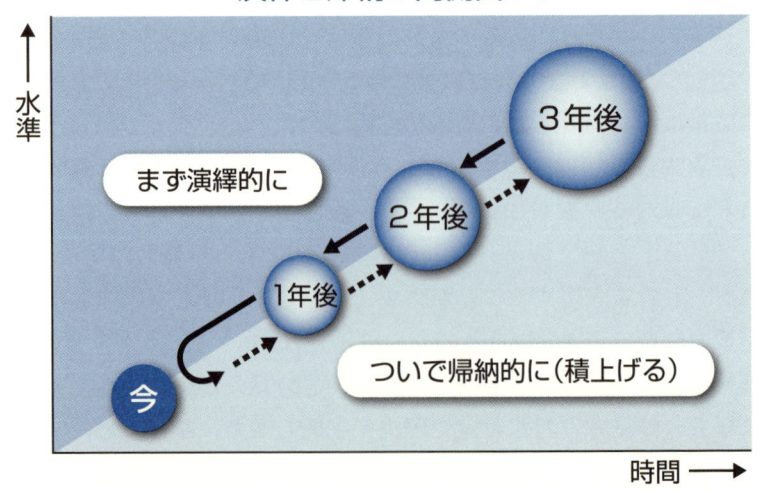

まず演繹的に

今 → 1年後 → 2年後 → 3年後

ついで帰納的に（積上げる）

水準 ↑　時間 →

ビジョン設定型の問題解決には演繹的な見方が必要である。要因追究型の問題解決方式、すなわち帰納的なものの見方の延長線上には、大きな飛躍への対応がむずかしい。左ページのコストダウンおよび売上アップの例で考えよう。毎年コツコツ５％ずつ原価低減しても５年で23％にしかならない。頑張り売上を積上げても、５年で28％の向上だ。
　この章で扱うビジョン設定型の問題解決とは、３年で30％以上のコスト削減を要請されたり、５年で売上を倍増させようとするときに採るアプローチである。この場合、積上げて考えるだけでは、高い目標に到達できない。３年後や５年後に期待値に到達するためには、１年目や２年目にはどうするべきかを問うためのアプローチが、ビジョン設定型の問題解決である。
　しかし、**この演繹的な見方は、逆の帰納的（あるいは分析的）な見方といずれ合致させなければならない。**「３年目に期待値に到達するためには、２年後は、１年後は……」と戻っていって、それが現在に結びつけられることを検証して、演繹的な見方を現実につなげることができるのである。
　どうすれば大幅な増加や削減に対応できるのかを考えるには、演繹的な見方と帰納的な見方の連携を図る必要がある。３年後に３割コストが削減されているには、均等にすると毎年11％のコストを削減する必要がある。このように到達目標を明確にして、そこから現在に接近するやり方が、この章で扱ったビジョン設定型の問題解決である。
　しかし、毎年11％のコスト削減が可能かを、今度は本年、翌年と順に追っていって３年後の姿に到達できるのかを検証していくことが大切だ。**これが積上げ方式と演繹的なアプローチとの整合化である。**あるべき論から戻っても、積上げてみても期待値に到達しなければならない。
　演繹的な見方と帰納的な見方は、狩猟民族的な発想と農耕民族的な発想に置き換えることができる。われわれの見方は、種を蒔き、毎日コツコツと面倒をみる農耕的なアプローチである。欧米のアプローチは、目標を明確にして、目標を獲物のように追い求める狩猟のやり方に近い。片方が正しく、他方はまちがいということはないのは自明である。

ビジョン設定型で変化を実現する

・・・・・・・・・VICTOR手法の留意点・・・・・・・・・

けっして別ものではない！

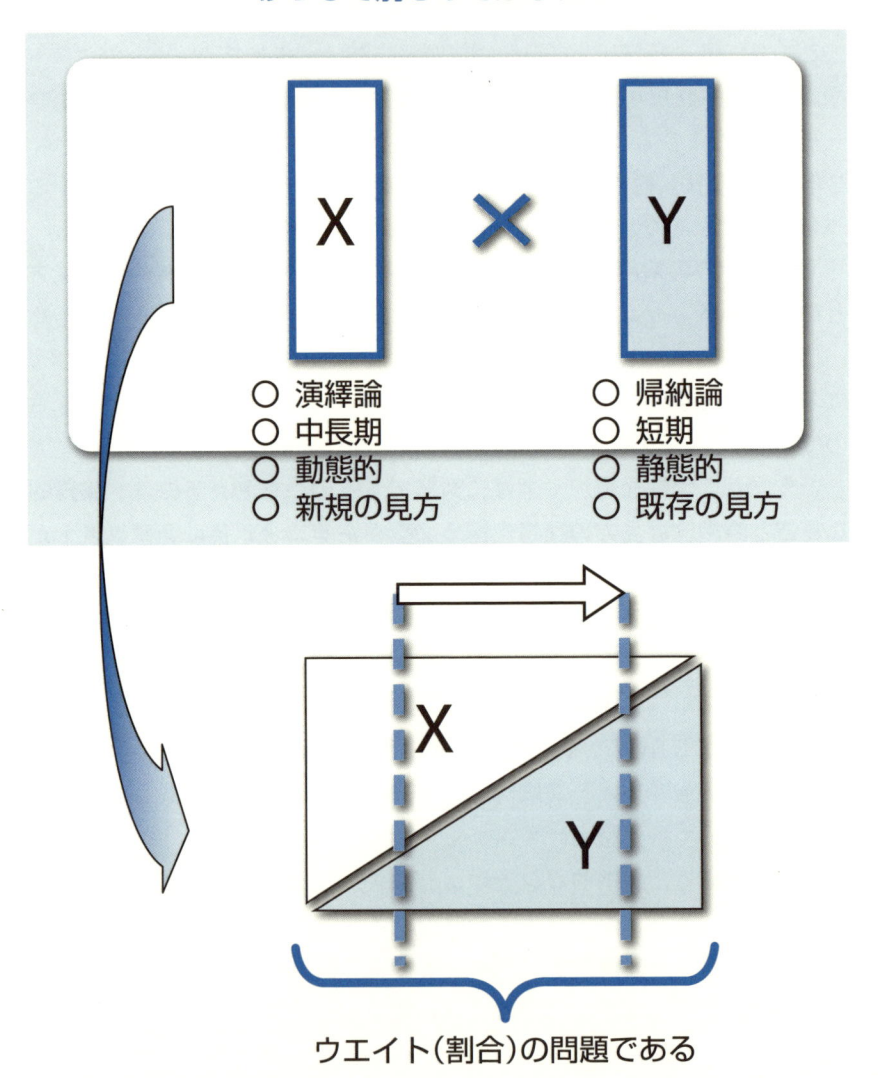

X × Y

- ○ 演繹論
- ○ 中長期
- ○ 動態的
- ○ 新規の見方

- ○ 帰納論
- ○ 短期
- ○ 静態的
- ○ 既存の見方

X / Y

ウエイト（割合）の問題である

前項の「３年で３割、コスト削減」というテーマは仮定の話ではない。製造業関係では日常茶飯事である。これがグローバル化し、変化のスピードがさらに高まりつつある競争の現実である。これまでのコツコツと上積みする方式では、対応不可能な領域にすでに入っているのである。

同じような視点から、**本質的な問題は「○○がある」と肯定表現することを、この章では繰り返し述べてきた。現実のわれわれは「時間が足らない」、「お金がない」という言い訳で、変化への対応を怠ってきた。**しかし全世界的な競争が、そのような言い訳では当面をしのぐことさえ不可能にしてきている。まして10年、20年先を見通した戦略立案では、そのような言い訳は何の役にも立たない。

このようなきびしい現実を打開する策が、この章でとりあげたビジョン設定型の問題解決である。そのアプローチは、われわれ日本人が得意とする分析的、帰納的アプローチではなく、演繹的な見方が必要なことは、ご理解いただけたと思う。

すでに筆者は、**問題解決にあたって二者択一の見方ではなく、二者共存の考え方が必要であることを述べてきた**（0110項など）。**一見、二律背反に見えるものを両立させるところにこそ、ビジョン設定型の問題解決のカギがあるともいえる。**この章のまとめとして、演繹論と帰納論の"両刀づかい"または複眼思考を再度、強調しておきたい。

同時に、この章でまとめる中産連VICTOR手法には、いくつかの留意点がある。たとえば３つの問題解決ステージは、すべてカードに記入して、それを分類することで進行させる。口でいう方式だと、どうしても声の大きい人の意見が通りがちになる。光るアイデアを活かすために、各段階とも、カードに書き出す方式ですすめる。

意見の分類については、構成要素的な静態的な分類を採らない。人事の問題、販売の問題と分類するのが静態的な分類である。そうではなく、パンチのあるもの（「なるほど」、「オヤッ」と思えるもの）をまず選び、それになんとなく似ているものをまとめる方式で分類する。そうすることで、既存の見方とは別のアイデアを創造することが可能となる。

7 問題の発見・設定から現状打破はスタートする

●あるべき姿と現状との差はこうつかむ●

> 「問題」設定と「解決」方法・手順を再度、多角的に考えてみよう。
> ものの見方が、固定化されると問題の設定ができない。問題が設定できないなら、当然、問題解決の段階にもすすめない。
> しかし気づきに欠けるわれわれには、問題が浮き上がってこないことが多い。要するに、ちがいはそんなに大きくないのだ。ヒヤリとしても、その時がすぎたら、すぐに忘れてしまう。表面的な現象から、奥底の問題点をえぐるまでが期待される。

問題解決は、問題の発見・設定から

•••••••• さまざまな問題解決のパターン ••••••••

問題の解決方法と種類

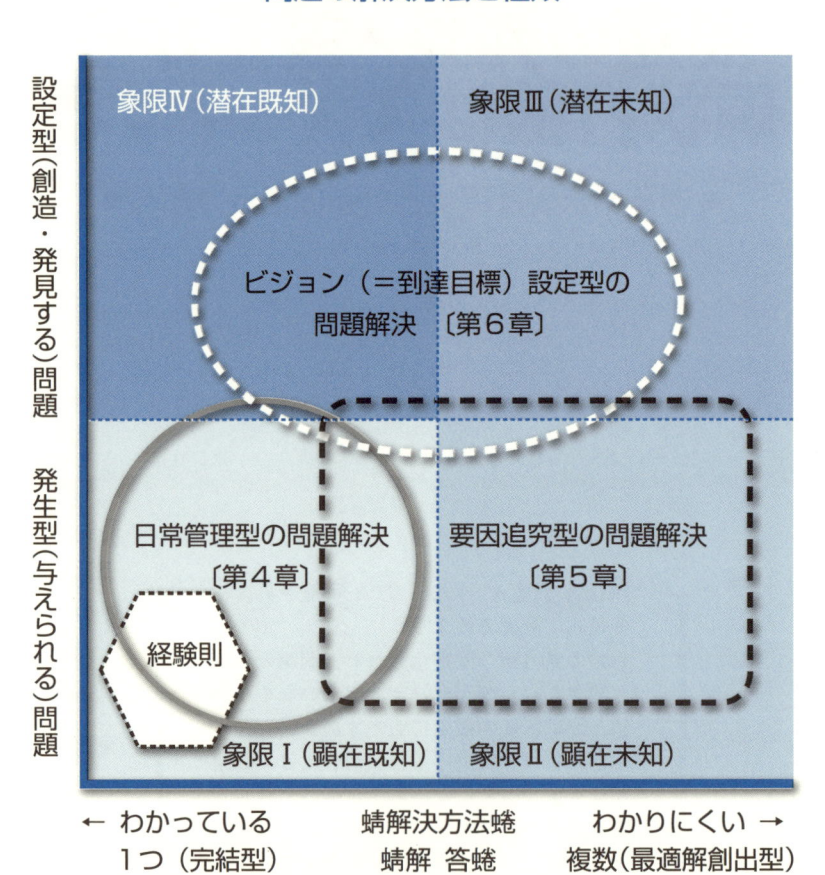

	象限Ⅳ（潜在既知）	象限Ⅲ（潜在未知）
設定型（創造・発見する）問題	ビジョン（＝到達目標）設定型の問題解決〔第6章〕	
発生型（与えられる）問題	日常管理型の問題解決〔第4章〕　経験則	要因追究型の問題解決〔第5章〕
	象限Ⅰ（顕在既知）	象限Ⅱ（顕在未知）

← わかっている　　《解決方法》　　わかりにくい →
　1つ（完結型）　　《解　答》　　複数（最適解創出型）

4～6章は、問題解決の手順・ステップを中心にまとめた。この章では、問題の発見や設定についてのヒントに焦点を合せてみる。左ページの図は、0101項目で使った問題区分とその解決過程を要約したものである。

　本音をいうと恐ろしいが、発生型の問題の半数近くは経験則で解決できる。長期間ある仕事に従事していれば、その仕事のコツを体得する。経験から得られる勘やコツ、これまでの事例を参照すれば、さまざまな問題を解決することも比較的容易である。ただし、これは環境変化がない、あるいは、ゆるやかな場合という前提付きではある。

　環境変化が起きれば、他社やこれまでの事例は参考にならない。経験のある業務遂行者が不足したり、職場で経験が共有化されていないなら、問題解決は円滑にすすまない。だが**顕在既知の問題なら、ほぼ経験則を活かして、問題解決は可能といえる**。

　一方、顕在未知の問題や設定型の問題は、このような経験則だけでは対応不能である。まずは日常管理を徹底して、問題を解決していくことだ。日常管理とは、きちんとPDCAのサークルを回すことである。計画を十分に練り、その計画にしたがい実行し、結果を検証して、処置をとるという流れで業務を遂行することが、問題解決につながる。

　顕在未知の発生型の問題でも、原因を追究すれば問題解決できる。日常管理を徹底したものの、新たに発生する新しい種類の問題については、「なぜ、なぜ」を繰り返し、その原因を追究することで問題は解決できる。事実を収集し、その問題を再定義して解決案をだすことで問題は解決する。**要因追究を徹底し、解決策を実行に移せば、発生型の問題は解決できる**のだ。発生型の問題は、このように経験則を活かすことから始まり、対策重点ではなく要因追究主体で解決できる。

　設定型の問題については、ビジョンの設定で問題解決できることを6章でまとめた。「あるべき姿」、これは5～10年後の姿であったり、現状の上積み以上の格段にレベルアップした目標のことであるが、その状態をイメージして、それを阻害する本質的問題を定義することから、問題解決が可能なことはすでに述べたとおりである。

グランドデザインを明らかにする

●●●●●●● 問題解決後の姿をことばや絵で表現 ●●●●●●●

先に、あるべき姿を明確にイメージする！

No.	ビジョン・大タイトル	ビジョンに関する状態	
		目標とする状態	現　　状
		先にイメージする	

「絵」に描いてみる　－「温かい」イメージ－

土曜日の夜　ダンナは外で飲んでいる

問題の解決方法や手順は理解できたとして、問題そのものはどのように設定したり、発見するのだろうか。それが、この章の検討課題である。問題とは、「あるべき姿と現状との差で、とりあげて解決するべき課題」であることは0201項で述べた。簡単にいうなら、問題は「理想と現実との格差」と置き換えられる。

　現状をよくつかむことで現実の認識が可能となることは、5章で要約した。現状把握ではなく「理想」、要するにあるべき姿をどのように設定するのかが、問題の定義に残された課題となる。とくに設定型の問題であればあるほど、現状に焦点を合せるのではなく、「どうなりたいのか」、「どうありたいのか」、「どうあるべきか」をしっかりさせることが、問題を定義することにつながる。

　だが、どうありたいのかという思いが、職場メンバーに希薄であることが多い。どうありたいかは、経営者や管理職が決めるものと誤解しているのだ。自分たちは与えられている意識が強く、それを「社員感覚」とか、「非当事者意識」と呼んでおく。しかし、解決後のイメージが不明確であれば、結果的に問題は解決しない。

　どうありたいかを明確にすることだけが、問題を解決する、と断言できる。解決後のあるべき姿は、いうまでもなく「状態表現」することになる（0602項等参照）。まず現状に目が行くと、理想を持てなくなる。理想に目が届かなくなる。だから、先に「こうなっていたい」とビジョン（夢）を持つことである。

　まずグランドデザインというべき基本構想を明らかにすることである。詳細な項目を問うのではない。最小限こうあるべきという根本構想を明らかにすることから始める。筆者は先輩のコンサルタントから、「提案は複数するものであり、そのなかの瑣末なものは譲れても核は譲れない、譲ってはならない」と教えられた。

　グランドデザインをことばで表現できないなら、絵で状態表現をしてもよい。左ページに掲げたのは「温かい」イメージを描いたものである。こんな、すばらしい絵で表現することも、イメージを膨らませる。

何を期待されているのかをつかむ

●●●●●●●●● 全地球的な規模での視点も忘れずに ●●●●●●●●●

設定型の問題定義のために

期待されるもの
- 社会や地域からの期待
  - ●地球規模で、また地域社会から何が求められているのか
- 市場・顧客からの期待
  - ●どんな製品(商品)やサービスを求めているか
  - ●どんな期待をしているのか
- 調達先・関係企業からの期待
  - ●どんな役割が期待されているのか
- 各種関係先からの期待
  - ●組織をとりまく関係先から、何が期待されるのか
- 組織内部からの期待
  - ●組織の内部はどんな期待をしているのか

（原案：中産連 田中理男）

ビジョンの設定にあたっては、周囲からの期待を明確にすれば、比較的容易にあるべき姿を描くことができる。つね日頃から、対症療法中心にものを考えて問題解決していると、瑣末な事項ばかりに目がいき、本質を追究したり、体質を変革・改革したりすることはできない。
　また、唯我独尊では問題は解決できない。職場や組織全体の見方を理解して、整理しておくことが必要である。しかし、まわりに目がゆきすぎ、自分を見失うことがあってはならないのも事実ではある。
　雄大なグランドデザインを描くのには、現状を把握するのとは異質な能力が求められる。先を観る先見性、状況を見極める洞察力などだが、いうのは簡単だが、現実に開発するのはむずかしい。また、これらの諸能力を統合し、状況を整理していく能力も欠かすことができない。
　組織（会社全体と置き換えてもよい）のニーズをつかむのも、なかなか困難だ。ついつい自分の世代や職位、また自部門の考え方だけにとらわれがちである。幅広くものを観るとはいうものの、現実の視野は限られる。
　このような点を考慮して、左ページに掲げたのような視点から、期待される事項を明らかにするとよい。忘れてはならない最大なものは、全地球規模で自らの役割を整理しておくことである。高度成長時代に、このような視点を持つことができていれば、日本の国、また日本人は、もっと世界に貢献できたのではないだろうか。
　力に陰りがでた現在ですら、われわれが地球規模で、また地域に、どのような貢献ができるのかは、重要な視点といえる。公害をタレ流すような企業であれば、いずれ、そこに入社しようとする若者はいなくなる。そんなことは自明であるにもかかわらず、われわれはついつい目先の利益だけに溺れてしまう。
　このような広範な、あるいは高い見地から、期待される事項を整理しておくことが、自らの「あるべき姿」を明確にする。この「期待される」ものを、「要求項目」などと表現するのは、どうも納得できない。要求という杓子定規で一方的な見方では、奥底に潜む"深遠な"ものが隠れてしまうように思えるからである。

「なぜか」を問いかけることが出発点

「なぜ」と目的から始める

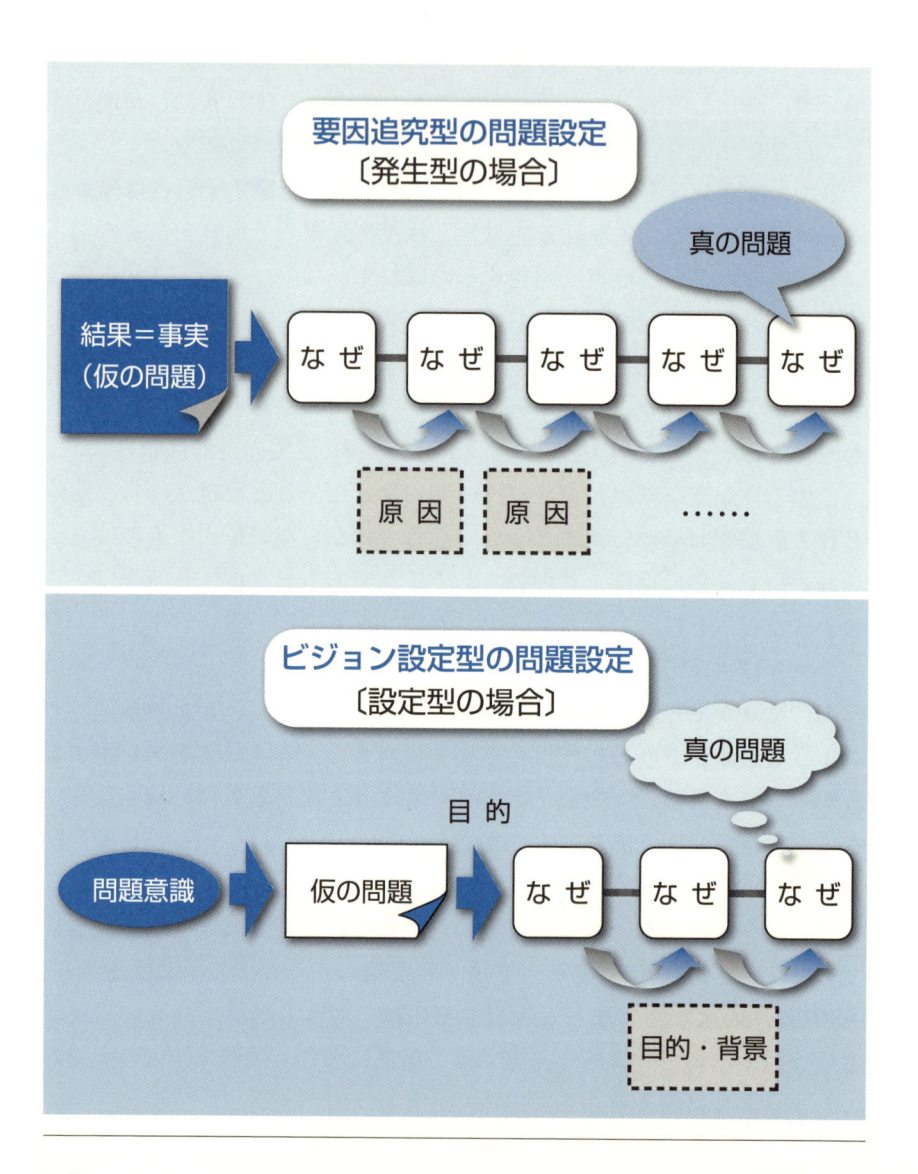

要因追究型の問題設定
〔発生型の場合〕

結果＝事実（仮の問題）→ なぜ − なぜ − なぜ − なぜ − なぜ（真の問題）

原因　原因　……

ビジョン設定型の問題設定
〔設定型の場合〕

問題意識 → 仮の問題 →（目的）なぜ − なぜ − なぜ（真の問題）

目的・背景

よく「なぜ、なぜを5回繰り返せ」というが、問題の発見や設定にあたっては、「なぜか」を問いかけることが出発点である。
　筆者の住む地域は、比較的ゴミの分別回収に力を入れている。筆者にとって長らくの疑問は、なぜ歯ブラシが「不燃ゴミ」なのかだった。一見、プラスチック類に見える歯ブラシは、どう見ても「再資源ゴミ」と数年前まで思っていた。しかし、あるとき透明な軸の歯ブラシを見て驚いた。ブラシの根元の、ブラシと本体を合せる部分に金属で補強されているのを発見したのだ。
　この時点で、なぜ歯ブラシが不燃か納得できたのである。このように、いかなる疑問も、「なぜ」を追究すれば疑問が自ずと解けることを実感した。軸が透明でないブラシを使っていれば、永遠に気づかなかったかもしれない。それが、目に触れたことで疑問が解けたのである。このようなことは、問題解決にもいえる。問題を解くには、なぜそのような結果が生ずるのか、原因を徹底して追究することが必要である。
　設定型の問題であれば、問題を設定した背景や、問題解決の到達地点をそこに設定する目的を明らかにすることで、問題に対する正解を導きやすくする。とくに潜在未知の最適解創出型の問題の場合、問題の背景や問題設定の目的の理解なしに、問題解決はできないともいえる。
　問題が発生した原因や問題設定の目的や背景を考えると、問題が見えてくる。つまり問題の顕在化につながる。設定型の問題においては、真の問題が設定しやすくなる。だが現実の問題解決の場面では、「なぜ、なぜ」を阻止してしまいがちだ。多くは、先入観や中途半端な知識などが、原因追究を阻止する。また原因の追究ではなく、責任の追及のような形になってしまうからである。
　中産連では、部下の動機づけについて「BMP方式」（生産性向上のための行動モデリング理論）として、永年にわたって教育プログラムを提供してきた。BMPの5つの基本原則の1つに、人格や態度に焦点を合せずに、具体的事実に焦点を合せるというものがある。人ではなく、こと柄、事実に焦点を合せることで、問題は解けるのである。

「ショック」から問題を発見・設定する

・・・・・・・内容をメモして再点検・・・・・・・

日常に埋没するな

ショックの法則

shOck
= 困った
= コラッと叱られた
= オヤッ？
= ひやり・ハッとする
= しまった！

こんな目で日常の再点検

日常管理の徹底は、問題を解決する。しかし現実は逆で、われわれはついつい日常に埋没してしまう。また、本来、仕事の習熟は業務水準を向上させる。しかし現実は、けっこうその逆のことがあり、目に曇りが生じることも多い。

　同じことの繰り返しは、問題の設定どころか、問題の発見を遅くすることがある。繰り返し、繰り返し実施すれば、その仕事の勘どころ、コツを体得できる。これを習熟という。しかし習熟は永遠ではなく、ある一定期間をすぎると、業務遂行者のモラール・やる気が停滞することもあって、業務は滞る。これを"マンネリによる業務停滞"という。

　だが、**マンネリ化していたとしても、ちょっとした気のつけ方や注意で、仕事を向上させることができる**。これが日常管理における問題の発見、設定といえる。繰り返して実施しているなかでも、「しまった」と後悔することがあるし、「もうちょっと気配りするべきだった」と反省することもある。

　日常、ヒヤリと感じることがある。生産現場はいうまでもなく、どんなに安全と思っているオフィスでも、いつ事故が起きても不思議ではない危険な箇所がいっぱいある。忙しすぎれば、会社からの帰宅が遅くなり、交通事故の危険性すらある。

　少し注意して見れば、「オヤッ」と疑問に思い、気がつくことがある。お客さまや上司から「コラッ」、「ダメだゾ」と注意されることもしばしばあるのが、普通の人間というものだ。完全無欠の人は存在しない。それに、どうしたらよいか判断がつかずに、困ることの連続が、われわれの日常といえる。

　そこで、**これらの「ショック」を、問題の発見や設定に利用してみる**ことだ。**毎日ショックを感じるたびに、ショック内容をメモする**。週や旬に一度、再点検する。先日「オヤッ」と思ったことは、依然そのままか。放置されているとするなら、問題を1件発見や設定完了だ。それを月ごとに整理する。ショックは、時間をおいて再評価することが重要で、それによって問題と問題点を明確にすることがある。

理想を描き、現実を知って問題形成を

●●●●●●●●●●●●●●求められる複眼思考●●●●●●●●●●●●●●

問題形成できないのは

問題 ＝ 理想 － 現実

理想が描けない
- 柔軟に考えられない
- チャレンジできない
- 従来と同じように考える
- 手続を偏重する
- 他者と協働で設定しない
- 自分の経験からしか判断できない
- 現実ばかりにこだわる

事実がつかめない
- ・五感を使えない
- ・多角的に観れない
- ・事実と判断を区分できない
- ・他者の意見を求めない
- ・ホウレンソウに頼る

両面から霞む

現状を把握しても、理想（つまり「あるべき姿」）が設定できるわけではない。結果、問題が形成できない。**理想を設定して、現実を把握し、ギャップを埋めなければ、問題は設定できないし、解決もされない。**問題解決できない背景には、左ページのような構図がある。

理想が描かれないのと、現実が把握できない両側面から問題が設定できないのである。理想の設定と現実の把握の両面ができて初めて問題が設定され、解決のための活動につながる。**問題形成には、やはり複眼思考が必要なのである。**

本書では、**すでにいくつかの複眼思考、二者共存＝二律両立について述べてきた。現在と未来、品質と価格、理想と現実など、一方を立てれば、他が立たないでは困るのである。一見両立がむずかしそうに見える両者を共存させるところに、真の問題解決がスタートする。**

0702項目では、現実に引っ張られると、未来が描けないことをまとめた。理想と現実の両立は、未来を先に考えることだ、とも述べた。しかし、われわれは頭が固く、一本調子でしか話せなかったり、考えられなかったり、まとめられなかったりする。これは、他者の話に耳を貸さないところからも強化される。ついつい既存の見方や決まりに従順に従ってしまい、逆に考える、交換するといった柔軟に対応することができない。

また現実の把握に際しても、視覚、聴覚、嗅覚、触覚、味覚の五感をうまく使うことができない。一説によると、五感からの情報収集のうち、5〜7割程度が視覚からのものであるという。たしかに目に、パッと入ってくるものの比重が大きいのは、経験上よくわかっている。

だからといって、聴く機能を放棄してしまえば、現実の把握がむずかしいばかりか、理想の共有化を図ることができない。**視る機能と聴く機能の両立が、問題設定にも必要といえる。**

二律共存の延長線上に、問題の共有化の課題がある。自分の問題は、自分ひとりの問題ではない。職場の全員が共有するべき種類の問題といえる。最後に、理想とはチャレンジするべきものであることを付け加えておきたい。与えられるものではないのである。

問題の底には、問題点が隠れている

●●●●●●●●●●理想と現状の格差を生み出す根源●●●●●●●●●●

問題点をとらえること

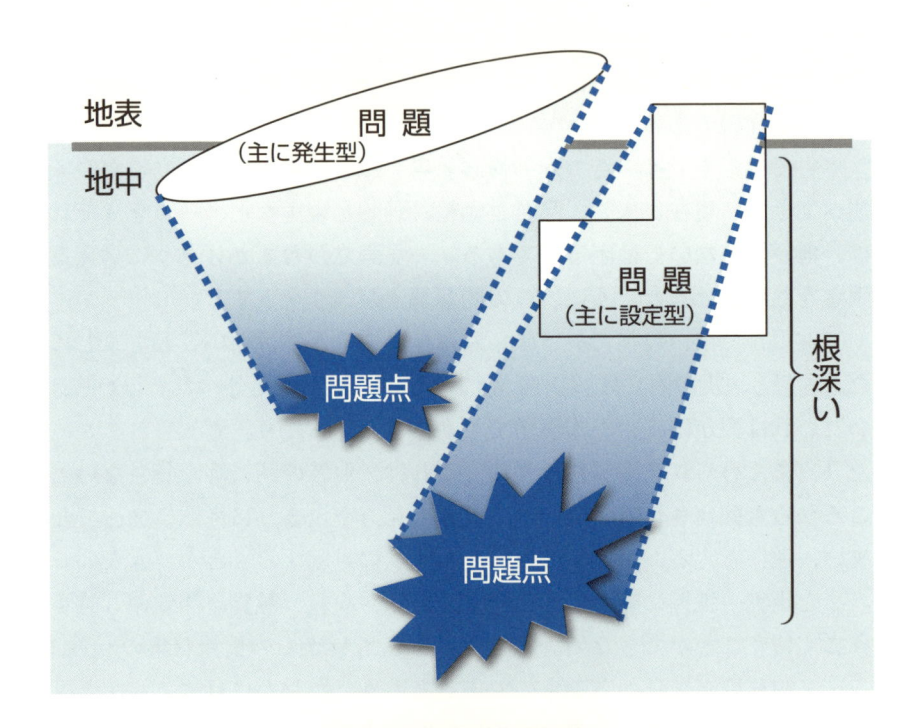

地表
地中

問　題
（主に発生型）

問題点

問　題
（主に設定型）

問題点

根深い

「問題点」の要件

① 具体的な事実であること
② 特定化、焦点化されていること
③ 当事者として関わっていること
④ 解決者に共有されていること
⑤ 対策が採りうること

問題の形成が終われば、次に問題点を明確にする必要がある。**問題が理想と現状の格差であるのに対して、問題点は、そのような差を生み出す根源、核になる阻害要因をいう。**

そもそも、発生型の問題は目につきやすいが、設定型の問題は簡単には見えない。左ページの図のように、地表からはっきり出ているのが発生型の問題であり、地表に隠れているのが設定型の問題といえる。設定型の問題は、すべて地中にあるものから地表に顔を出す部分がやや大きいものまで幅がある。

地中にまったく隠れてしまうような問題は、潜在未知の設定型かつ最適解創出型の問題といえるだろう。問題そのものの設定や発見は一大仕事である。だが問題を発見あるいは設定できたからといって、問題解決に成功したわけではないことは、これまでに説明したとおりだ。さらに、問題を引き起こす問題点を探り出さなければならない。

設定型の問題なら、たんなる阻害要因ではなく、ビジョン到達を阻止する本質的問題を定義することが、次の課題となる（0605項参照）。このように問題が設定できたら、その問題の核を明確にすることが求められる。その核が問題点である。「問題が定義できたら、問題は解決できる」というのは、大きな誤解の1つというべきだろう。

問題点を明らかにして、その打破があってこそ、問題解決するのである。問題点は、まず「具体的な事実」としてあげられなければならない。当初は、"問題らしい"現象や事実を多く羅列することから開始したとしても、最終的には焦点化されて、特定の「もの」、「こと」などの具体性を持つものとして把握されることである。

そして**問題点は、問題解決に関係する人が当事者として、主体的に関わっている「もの」（あるいは、「こと」）にすることである。**なぜなら、「自分の責任ではない」、「上司の責任だ」というような言い訳が通じない問題点として把握されなければならないからである。

さらに明確になった問題点は、問題解決の関係者によって共有される必要がある。それで初めて、問題点は撃破されうるといえる。

正解が1つという問題はない

●●●●●●●●●最適解創出型の問題解決風土とは●●●●●●●●●

2つの種類の問題と特色

最適解創出型問題 ＝複数解型の問題	×	正解完結型問題 ＝唯一解型の問題
前例なし		前例あり
記録・文書・データなし		記録・文書・データあり
先輩・上司などに指導を受けても、自分が主体		先輩・上司などに指導を受けることができる
トライ＆エラーの試行錯誤による解決		効率的な問題解決
創造性開発・アイデア創造などが問題解決のキー		統計的手法など原因追究が主体の解決
ケーススタディは参考でしかなく、自ら問題解決しながら学習		過去のモデルを探し、成功例・失敗例を学習
問題解決のための関係者が多くなる		少人数での解決が可能
論理的である以上に、心情的な結びつきが必要となる		理路整然さが期待される

問題は、「正解」がたった1つかどうかで2つに分類できる。1つしか正解がない問題を「正解完結型の問題」といい、そうでないものを「最適解創出型の問題」といっている。0101項をはじめとして、問題は唯一解型と複数解型の2種類であることを何度も述べてきた。

　問題の答えがたった1つ、つまり唯一解という形の問題は、現実の職場や会社には存在しない。基本的に、複数解型あるいは最適解創出型以外にはありえない。それが、現実の問題解決の対象である。

　現実の職場の問題は、実験科学の世界ではない。だから、**最適解と思うものを、実験してみることは不可能である。**これが社会科学と実験科学のちがいである。しかも**現実の世界では、たった1回しかチャンスはない。問題の発生や設定に直面したその瞬間に、答えを出し、問題解決することが求められる。**

　「1 + 1 = ?」という算数の問題のような唯一解の世界ではないところに、職場の問題解決環境がある。そこで答えを出し間違えれば、それが膨大な損失につながり、企業の活動停止＝倒産という憂き目をみることすらありえる。それが楽しいという人もあれば、そこで答えを出しそこねて悔やむ人もいるわけである。

　最適解創出型の問題解決を円滑にすすめるには、組織全体や職場に、つぎのような諸条件の整備が必要なことがご理解いただけるだろう。

　全員に問題解決の当事者意識があるか。解決のために議論が徹底的になされるか。上位者の意見に対して反対ができるか。多様な価値観を認める雰囲気があるか。仕事の配分が公正か。対立や葛藤が良い意味で活性化につながっているか。変化へのきっかけが下位者から出るようなしくみがあるか。上位者は下位者を育て、活かそうとしているか、などである。

　すべてが同時に要求されるわけではないが、このうちの半数は確保しておきたい。そうでない組織や職場には、正解完結型の問題解決は可能でも、最適解創出型の問題は設定できても、解決はできない。職場の活性化は問題解決に大きな影響を及ぼす。

問題の設定は繰り返すべきもの

●●●●●●● 会社をとりまく環境はつねに変化する ●●●●●●●

環境が変われば、問題を再設定する

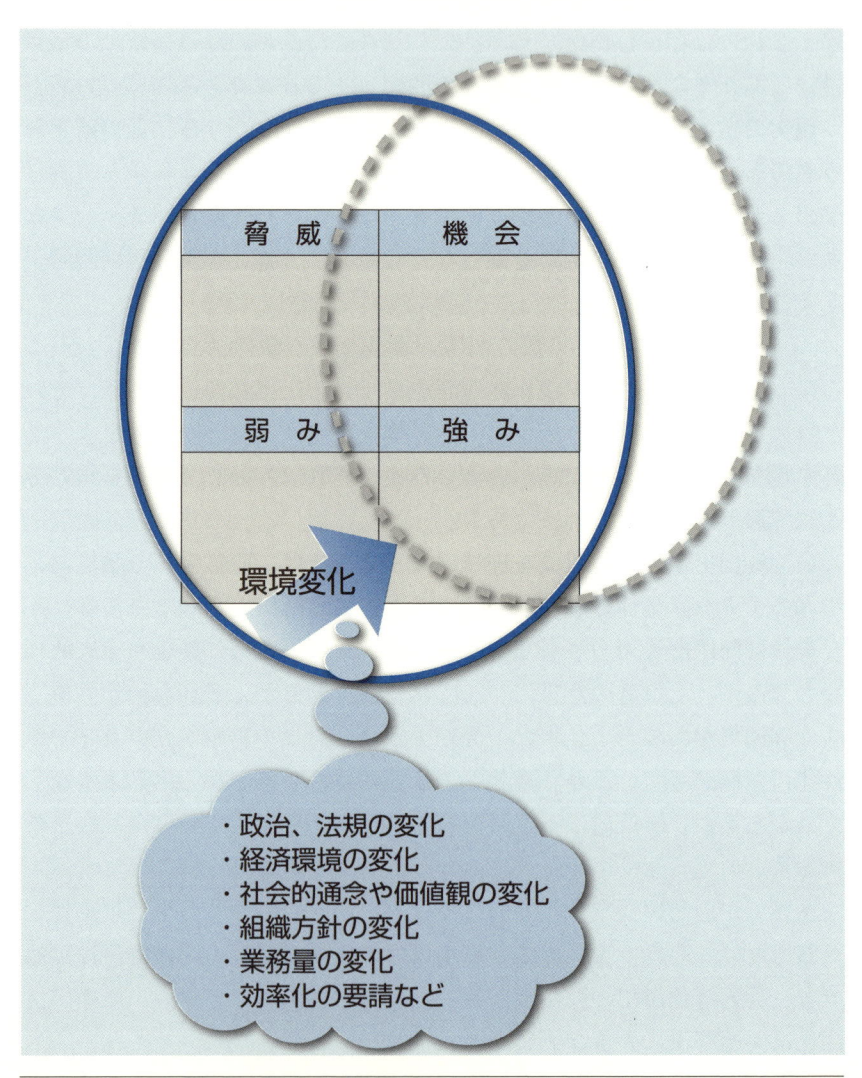

脅　威	機　会
弱　み	強　み
環境変化	

- 政治、法規の変化
- 経済環境の変化
- 社会的通念や価値観の変化
- 組織方針の変化
- 業務量の変化
- 効率化の要請など

戦略策定などの入り口でよく使う手法に**SWOT分析がある。これは、強み・弱み（長所・短所）、機会・脅威の４区分で、組織をとりまく環境を分析する方法**で、比較的わかりやすいため、問題設定に際してもよく使用される。しかしこれが逆に、盲点ともなる。ちょうど、原因と結果を分析するのに特性要因図を用いるようなものである。

TQC活動が花盛りの頃（1970～1980年代）、成果発表会で原因を分析するのに、多くのサークルがこの特性要因図を使用した。よく使用される反面、活動の形骸化につながったのである。特性要因図を作成すると、原因と結果の因果関係が明らかになったような感じがして、逆に原因追究が不十分になることが多くなった。

ついには、特性要因図は発表のための、つまり説明用の作図に終わってしまうことになった。SWOT分析も使い方によっては有効な手法であることは事実だが、とりまく外部環境が変化すれば、いったん作成したSWOTを再度作り直すことを忘れてはならない。どのようなものでも、いつも完全無欠ということはありえないのだ。

環境が変化すれば、現在の強みは簡単に弱みになる。機会は、そのチャンスを逃すと、今度は脅威に変化する。このような変化は環境変化に伴い、たえず起こりうるといえる。SWOT分析は、環境変化を理解するために作るのであり、１回作成したら安心というものではないことを肝に銘じておこう。

環境変化に応じて、たえずSWOT分析は見直す必要があるし、問題の設定（あるいは定義）も、会社（あるいは組織全体）の置かれる環境を把握して、たえず繰り返されるべき性質のものである。**問題は理想と現実のギャップであるから、現状が変化しても、理想が変わっても、問題そのものが変化することを、われわれは理解しておく必要がある。**

問題解決は、もちろん問題の設定では終わらない。しかし問題の設定だけでも、大変な時間と労力を要する一大作業といえる。問題設定は、現実をSWOT分析のように把握しつつ、かつ理想を設定する両側面から複眼思考でなされなければならない。

理想と現実の小さな差を見逃さない

●●●●●●●●●● 問題解決を容易にするために ●●●●●●●●●●

小さなちがいに、気づきますか？

左から、英国、米国、タイ国、日本製です。
タイは328cc、日本は300ccと米国サイズより小さい。

日本以外では、内容物の重量、割合(％)まで表示されている

小さなちがいに気づかなければ、問題は設定できないし、解決も不可能である。理想と現実の差は、見かけほど大きくない。外部環境の変化に伴い、現状は微妙に変化しているが、そのちがいは思っているほど大きくない。問題解決へのヒントは、ちょっとしたところに存在する。

　問題解決の出発点として、問題意識と適正な比較が必要ということを0104項目で述べた。問題意識同様、「比較」に大きな意味がある。比べるのは、何と何なのか。その差、ちがいは目立つ程大きくはない。現実は、それほど大きな差がない。大きな差となってから手を打つのでは遅すぎる。目立たない状態で、対策をとるのが問題解決のコツである。

　小さなちがいが、大きな結果の差につながる。この点の理解が必要である。"ちょっとした"差に着目したい。"ほんの小さな"ちがいを見つけることができれば、問題の設定が容易になるし、問題解決のアイデアを出すことができる。左ページの例で考えてみよう。

　写真は、各国で一般的なコーラの写真である。同じブランドの製品なので、多少デザインのちがいはあるが似ている。しかし大きなちがいが、内容に関する記述について存在する。米国やタイ国、英国、中国などでは、いずれも内容物の表示が名称だけでなく、重量まで表示される。

　日本の場合、JASの規定により多い順に表示されるものの、何グラムかまでは表示がない。写真の米国のコーラ355cc容器には、なんと40g近い砂糖が入っている。日本製は「砂糖」という表示はあるものの、重量やパーセント表示がない。このため、砂糖が入っていると理解できても、その量まで把握できない。

　でも、どうだろう。355ccのコーラに約40gの砂糖と見た瞬間に、ダイエットばやりの当節、何人かは飲むのを控えるのは明らかだろう。たった「3」、「9」、「g」の3文字が、行動をも変える。このような小さなちがいを、問題解決ではおろそかにできない。

　意識を行動につなげるには、このような小さなちがいや気づきから出発するのだ。理解してはいるが、実行できないでは困るのである。このような差も、小さなちがいの理解で変化につなげることが可能だ。

問題解決を推進する組織づくり

●展開のキーとなる事務局の役割と仕事●

> 問題解決を組織全体ですすめるための工夫、しかけについて、この章では要約する。問題解決には時間を要するし、多くの関係者による集団的な問題解決のためには、解決活動を推進する事務局が必要である。問題解決の必要性をうまく伝達し、そのための雰囲気づくりから、活動結果の評価まで支援する事務局の役割をまとめる。教育も必要で諸活動をとおして、情報、手法などの共有化に成功すれば、全組織的な問題解決が可能となる。

問題解決は"米づくり"のイメージで

・・・・・・・・・ 一朝一夕に成果は収穫できない ・・・・・・・・・

米づくりと問題解決

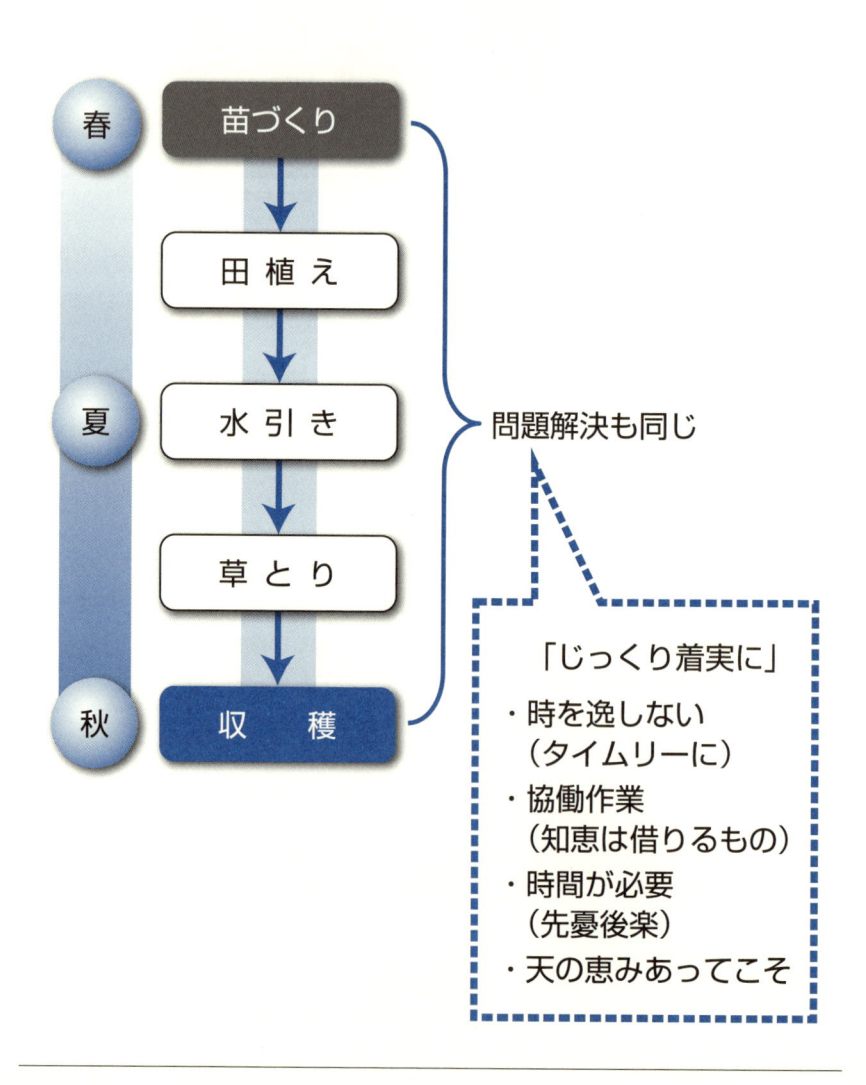

春 → 苗づくり
　　　↓
　　　田植え
　　　↓
夏 → 水引き
　　　↓
　　　草とり
　　　↓
秋 → 収穫

問題解決も同じ

「じっくり着実に」
・時を逸しない
　（タイムリーに）
・協働作業
　（知恵は借りるもの）
・時間が必要
　（先憂後楽）
・天の恵みあってこそ

「問題解決を二分法で考えてはならない」というのは、本書のモチーフのひとつだが、二分法は、ものごとの構造をシャープに表すという一面があることは確かである（困るのは、説明と現実とが乖離しているのに、それに固執することなのだが……）。

そこで、問題解決を米づくり（稲作）と狩猟（ハンティング）との対比で考えてみよう。筆者は、問題解決は米づくりに似ていて、狩猟の世界とはちがうと思うのである。

まず、**米は一朝一夕には収穫できない。収穫までに、なすべきことを、なすべき時期に実施しなければならない**。苗づくり、田植え、草とりなどを確実にやって、ようやく秋の収穫を迎えることができる。食べものが必要になったら、獲物を狙って狩りに出かける方式とは、別なのである。収穫まで時間（多くの日数）がかかるのを前提に準備していくのが、米づくりの方式だ。

米づくりも狩猟もチームプレーで行うことが多いが、狩りは単独でも可能だ。これに対して、米づくりは最低家族単位、一般的には地域単位でなされる。夏の日照りで水を引く際など、川の取り入れ口から、自分の田んぼまで水路をつくるが、作業には大勢の人の協力が必要である。

問題解決も米づくりと同じで、なすべきことをタイムリーに順序だてて実施することが、カギである。米づくりに名人がいるように、読者の皆さんには、問題解決の名手になっていただきたい。そのために、どのようにすれば問題解決が、職場でまた組織全体ですすむのかを、この章で考えてみたい。

もうひとつ忘れてはならないのは、米づくりにおける太陽や雨の役割である。**どんなに人間が手をかけても、適当な日差しや収穫までの全期間をとおしたお湿りがなければ、米は不作に終わる。これは人為の世界ではない**。このような天の恵みが、問題解決にもやはり必要である。それは、問題を解決しようという職場の熱意や努力が評価される人事諸制度のようなものをさすのだろう。このような点も頭に置きつつ、**問題解決のための「しかけ」をつくることが必要である**。

問題解決の主体をハッキリさせる

●●●●●●●●●●個人か、グループか、組織全体か●●●●●●●●●●

３つの問題解決母体

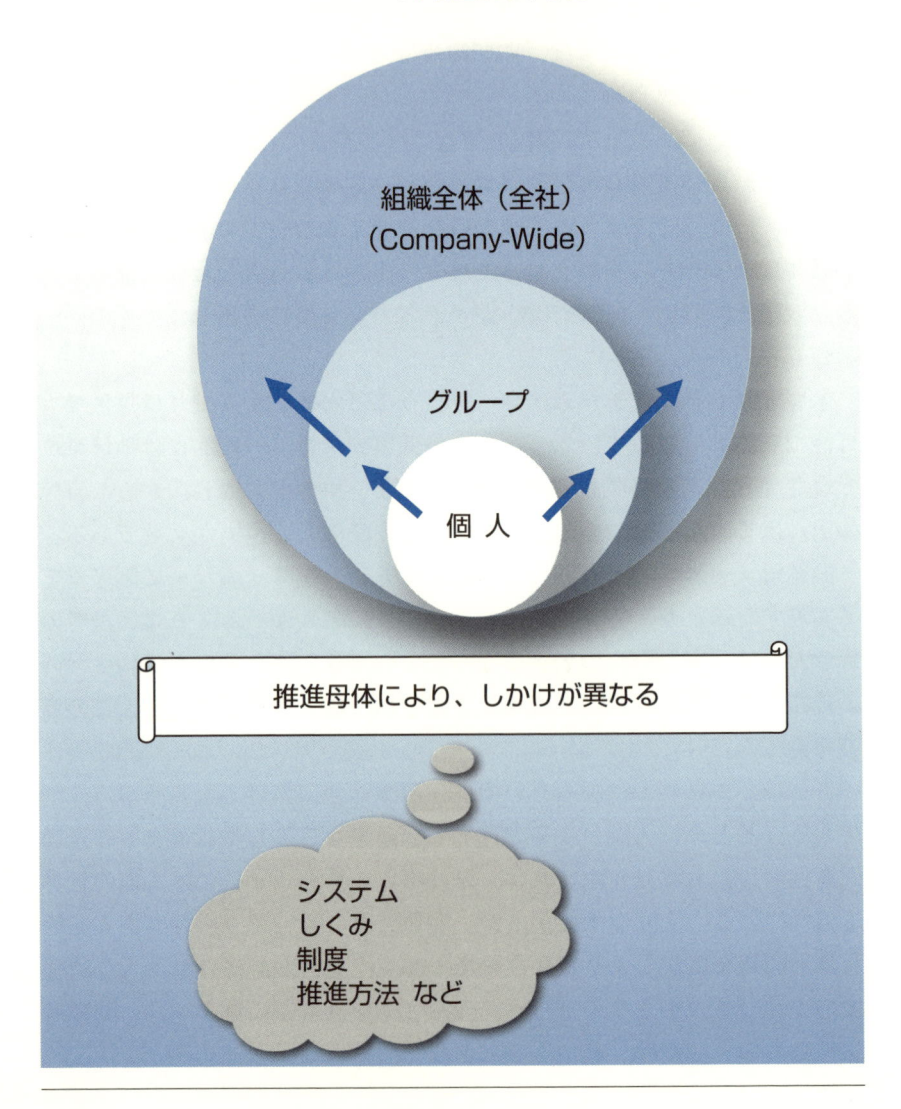

組織全体（全社）
（Company-Wide）

グループ

個 人

推進母体により、しかけが異なる

システム
しくみ
制度
推進方法 など

問題解決を推進する母体は、個人、グループ、組織全体（全社）の3種類である。
　個人による問題解決は、個々の業務担当者が自分の直面する問題を自分ひとりで解決するものである（0109項参照）。これは、PDCAを自分で回す日常業務改善のようなものから、組織的に推進される「提案制度」とか「改善提案」というような名称で呼ばれるものまである。いずれも問題解決の推進は、業務を遂行する個人が担当することになる。その方法論については、7章までを参考に問題解決をすすめていただきたい。
　グループでの問題解決とは、職場の全員が協力して、職場全体の問題を解決する活動である。ここでいう「グループ」とは一般的に課や係程度をさすが、もっとも広く考えれば、部程度までその範疇に考えられないことはない。しかし、対象組織が大きくなればなるほど、全員のベクトルを合せるのはむずかしい。
　実際のグループでの問題解決は、小集団活動やQCサークルというような形態で推進されており、いずれも職場内の問題解決活動といえる。一方、職場間や部門間における問題解決の必要性が問われてきており、プロジェクト活動、〇〇委員会、タスクフォースのような名称の問題解決母体が設置されることがある（0909項参照）。小集団活動やQCサークルは、常設の問題解決体制である。プロジェクト活動等は、期間を定めて展開されることが前提の臨時の問題解決組織といえる。
　3つ目の**全社的な問題解決の活動は、管理職を対象とする方針管理、全社員を対象とする目標管理、また小集団活動などを含む全社的な品質管理活動（TQC・TQM）やTPM（全社的な設備保全）等の諸活動をさす。**この全社的な活動の推進については、活動の推進のため「事務局」が設置され、活動の支援をすることが事実上必要である。
　全社（組織全体）や多くのグループを対象とする活動の推進には、さまざまな準備が必要で、個人的な問題解決、部署内の問題解決とはちがって、推進のために大がかりなしかけが必要といえる。そのようなしかけがあっても空まわりすることは少なくない。

最初に活動計画をハッキリさせる

•••••••••全員で日程についての共通認識を•••••••••

ガントチャート

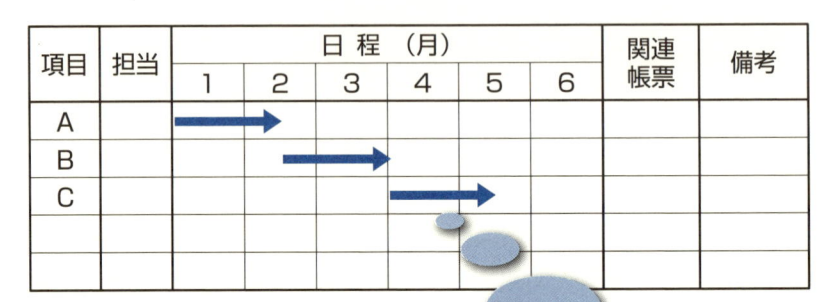

項目	担当	日程（月）						関連帳票	備考
		1	2	3	4	5	6		
A									
B									
C									

※ 縦軸に実施事項、横軸に時間帯をとる。
時間の長さに比例して、横棒をひく。

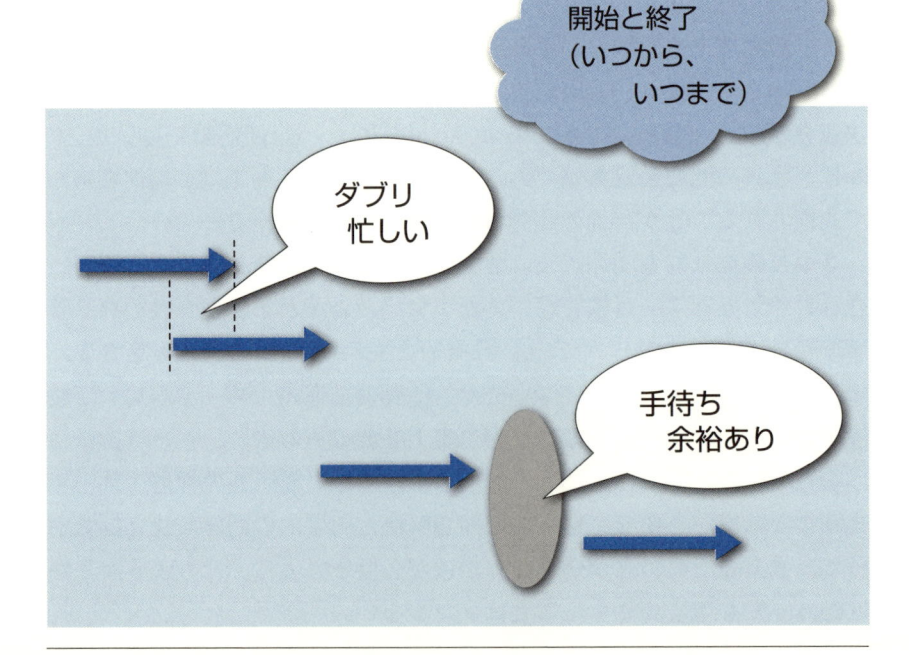

開始と終了
（いつから、いつまで）

ダブリ
忙しい

手待ち
余裕あり

円滑な問題解決活動の推進のために必要なのは活動計画である。これは、問題の設定から、現状把握、解決案の作成、推進までの一連の流れを日程化して、何を、いつ、誰が行うかを決めるものだ。複数のメンバーが関わるグループによる問題解決や全社的な場合はいうまでもなく、個人の問題解決においても、こうした計画は必要である。

　グループや全社が対象の場合は、もろもろの会社行事などとうまく調整しながら、問題解決の日程づくりをするが、活動計画の組み方いかんでは、せっかくの問題解決が台無しになることがある。活動の終了を急げば、本質的な問題解決に至らないことにもなりかねない。解決案の作成だけではなく、その案を実施し、効果を検証して、うまくいったら標準化することまで可能なように、十分な日程を設定することが必要だ。もちろん、できるかぎり短期間で完了させることは当然である。

　活動をスタートするにあたっては、「グループメンバーの会合は何曜日の何時から開くか」といった段取りをきちんとしておくことである。さもないと、全員が集まれなかったり、少ない出席者による不十分な意見交換に終わりかねない。これでは、よい活動計画とはいえない。

　個々の実施事項の開始や完了時期にズレないようにすることだ。少なくとも活動の開始と完了時期について、全メンバーが頭に置いておくことが必要である。5W2Hでいうところの、「いつ」、「何を」である。いつは、「いつまで」でもある。これらの背景には、「なぜ」すなわち目的や背景があるのは、すでに述べたとおりといえる（0403項）。

　具体的には、「ガントチャート」を作成すればよい。H・ガントは、米国の「能率技師」の開祖F・W・テーラーの高弟である。ガントチャートの延長線上にPERT（日程計画の代表的なひとつ）など各種手法があるが、かえって使いにくく、ガントチャートを書くことができればよい。PERTなども理解するにこしたことはないが、ガントチャートを全員が習得するだけでも、日程に関する共通認識を組織全体で持つことができる。いつまでは、「○○日の○時まで」とハッキリさせ、価値観の多様なメンバーの共通認識とすることも大切だ。

0804

活動の中間でチェックすること

報告書を鵜呑みにせず、現場に足を運ぶ

中間チェック

- 目標の設定水準
  - 高すぎないか、低すぎないか
- 進捗度合い
  - 計画どおりか
- 波及効果
- メンバーの参加率・参画度
- 発生している問題はないか

※ 活動報告書の例は、同じシリーズの『図解マネジメント文書のつくり方・使い方』0804項参照。

「ガントチャートを作成して、活動計画を立てれば一安心」と考えるのは早計である。当初の計画が十分なら、あとは自動的に問題が解決すると思うのは、油断以外の何ものでもない。計画どおり進展しているのか、たえず確認することである。個人による問題解決では当然、その問題解決者が自主チェックする。すべては自主点検が出発点である。

グループによる問題解決や組織全体の活動なら、事務局やグループ内のタイムキーパーが進捗を確認する。解決の活動が１カ月以上の場合、当然中間チェックが必要である。小集団活動のような場合、３カ月から半年の活動期間があるため、何度か中間チェックをして、軌道修正する。

チェック内容を簡単に要約するものは、0405項でとりあげた「QCDSM」といえる。個人による問題解決なら、まずこの５項目を頭に置き、計画と実績を比較する。これがすべてではないが、少なくともこの５項目を確実にする。各アルファベットが何項目をも意味することは、述べたとおりである。多角的なチェックこそが期待される。

グループや全組織的な問題解決活動の事務局の確認項目は左ページのとおりである。案外、活動当初に設定する目標の水準に問題がある。中間チェックというと、活動状況の確認のように思われるが、むしろ初期の問題設定、とくに目標のレベルが高すぎず低すぎずのレベルに設定することが重要である（この点については、0509項参照）。

進捗に関しては、報告書を鵜呑みにしてはならない。報告書が提出されるのは、問題解決の話合い（会合）が開かれた１カ月後になることがある。それでは実際のすすみ具合がわからないし、雰囲気が不明だ。事務局は、ときに問題解決の現場に足を運んでみることである。活動（会合）報告書には、次回の会合開催予定が書かれているものである。

足を運べば、問題解決グループの雰囲気、つまりメンバーの参加具合や発言をとおした参画度合いが手にとるように理解できる。同時に、問題解決に直面して、そのグループが直面する困難や、阻害要因の把握にも役立つ。中間チェックは、このように複数の観点からなされることが期待されるのである。

現場の活動を支援する事務局の役割

•••••••• 全社的な雰囲気づくりも大きな仕事 ••••••••

問題解決活動の推進事務局の役割

役割	内容
日程管理	(0803・0804項)
教育	対象者：リーダーは必須 内　容：展開のしかた・手順重視 　　　　（手法は後）
広報	周知徹底 雰囲気づくり重視
活動結果の集約・評価	参加率：全員が参加しているか 参画率：発言が特定者に偏らないか
相談窓口	活動チームのリーダーが困ったら、いつでも相談できる 手法などの関連情報の提供
成果発表会・表彰	開始と終了の節目を主催
標準化の窓口	標準化した部分を蓄積 （これを忘れてはならない）

全社的に問題解決を支援する組織（「事務局」や「推進事務局」といわれる）のメンバーが、暇では困る。**事務局の役割は、活動計画作成・中間チェックなどの日程管理のほか、各種の教育、広報、活動結果の集約および評価・表彰、相談窓口などの役割があり、忙しくて当然**だ。

　活動開始のキックオフの会や活動終了の表彰を含む発表会の開催は、全社的な活動の場合は絶対に必要だし、グループの場合でも、活動を円滑にすすめるためのカンフル剤となる。

　多くの問題解決チームを支援するためには、問題解決のための雰囲気づくりが必要で、事務局の大きな仕事といえる。このために広報活動が必要である。たとえば、改善提案制度でも、月間や年間で改善提案件数の集計をして、その結果を広く全社員に知らせれば、大きな励みになる。提案件数が1カ月当り1件を割ってしまうようでは、改善提案活動をしているとはいいがたい。活動を周知徹底し、その意義から実績までを活動支援のために知らしめることである。

　教育活動は、手法を中心より、活動運営のしかたや推進ステップを先に教えることである。多くの成功パターンは、華麗な手法の使用より、粗くてもよいから、活動の流れ全体を理解させることである。最低限の教育対象は、活動チーム（あるいはグループ）のリーダーであり、新リーダーが誕生するごとに彼らを教育することが大切である。活動の運営のしかたや問題解決のステップの理解は、チームをひっぱる源泉である。

　活動の経過や結果は、必ず集約し蓄積する。全社で何チームが活動し、何テーマの解決にチャレンジし、どのような結果をあげたのかを集計し、発表する。最終的には、活動終了の区切りで評価して、よく活動したチームは表彰する。また相談窓口の役割は、意外に大きい。リーダーに負担がかかりすぎ、活動グループ内にはよい相談相手がいない場合は、とくに役立つ。われわれは、「困ったら即、相談」と教えている。

　活動が成功している多くの会社では、活動の推進にきわめて熱心な事務局メンバーが存在するものであり、彼らの献身的な役割なしに、活動が円滑にすすむとは思われない。

個人から集団的な問題解決へ

●●●●●●●● 戦後の日本企業が成功した源泉 ●●●●●●●●

個人の問題を、グループの問題に、そして組織全体の問題へ

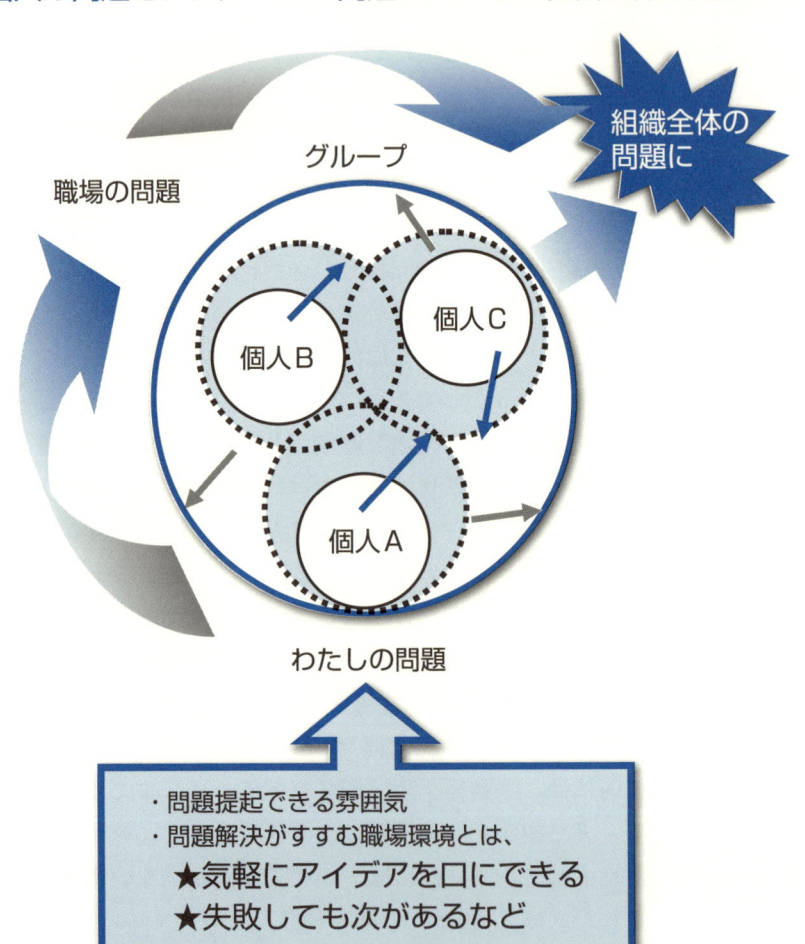

職場の問題
グループ
組織全体の問題に
個人B
個人C
個人A
わたしの問題

- 問題提起できる雰囲気
- 問題解決がすすむ職場環境とは、
  ★気軽にアイデアを口にできる
  ★失敗しても次があるなど

※全社的な問題解決については、高仲顕(元中産連副会長・専務理事)による『システム設計と管理』(朝倉書店)および海外技術者研修協会(AOTS)主催の「CWPS」コースなどのテキストを参照しました。

0802項で、問題解決の主体としては、個人、グループ、組織全体（全社）の3区分があるとした。問題解決の歴史を振り返ってみると、筆者の目には、日本の企業そして産業界が第二次世界大戦後、問題解決において成功したいちばんの要因は、**問題解決を個人のなかに止めず、複数すなわちグループや組織全体の次元に置き換えるしかけ・しくみがあった**ことだと思える。

　少し別な表現にすると、**"集団的な"問題解決のしくみをつくりあげたことが、企業全体（組織全体）で問題解決を推進にすることにつなが**ったように思われてならない。個人レベルの問題解決、1人の天才による問題解決ではなく、職場の全員による「全員当事者」の問題解決の構造の構築に成功したことが、全社的な問題解決の進展を可能にしたように考えられる。

　TQC・TQMに代表される各種の全社的な問題解決活動は、米づくりにおける協働作業を発端とするかもしれないが、**個人レベルの問題解決を部署全体や全社・全組織的な問題解決に置き換えるしかけ・しくみが全社的な問題解決を推進する根源**だった、と筆者は要約したい。**トップ経営者の深い関与・方向づけ、問題提起できる雰囲気、問題解決がすすむ職場環境、ノウハウの継承・伝承などが、その内容**である。

　"わたしの"問題を"職場の"問題に、そして特定職場の問題ではなく、"会社全体の"問題に置き換えるには、経営トップの深い理解や熱意なしにはすすまない。しかし、トップの先行だけですすむものでもない。職場の全員に、問題解決への熱意や協働作業の前提がなければならない。アイデアが自由に出せる、まとまった問題解決策が計画ではなく、確実に実行されるような雰囲気や職場環境こそが、全社的な問題解決を推進するしかけ、しくみの源泉であるといいたい。

　トップからボトムまでの協働作業こそが、問題を真に解決する職場そして企業をつくりあげた。「それはわたしの責任ではない」を「われわれの責任」に置き換え、「わたしが責任を持って問題解決する」体質に昇華させたといえるのではないか。

共通の手法・技法を習得させる

●●●●●● 行動にむすびつくまで、徹底的に教育・訓練 ●●●●●●

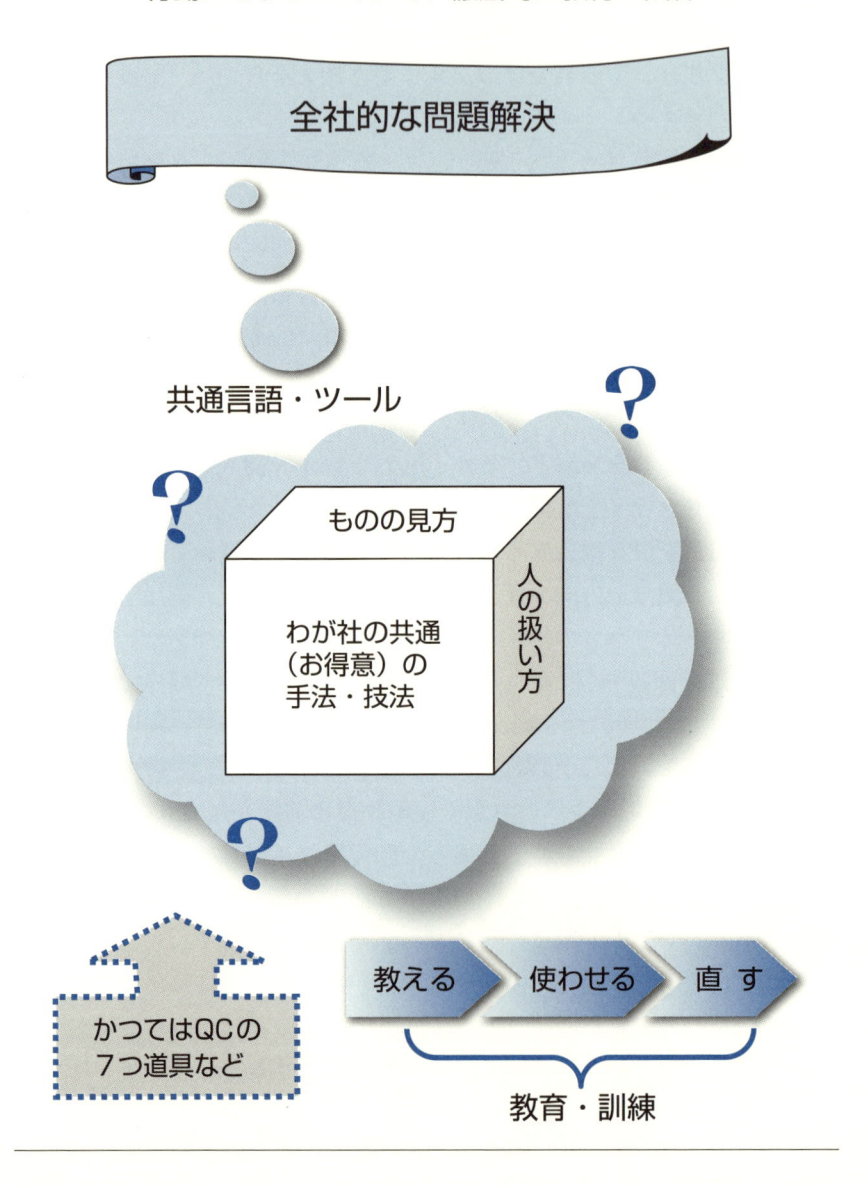

全社的な問題解決

共通言語・ツール

ものの見方
人の扱い方
わが社の共通（お得意）の手法・技法

かつてはQCの7つ道具など

教える → 使わせる → 直す

教育・訓練

ある会社では、会議や研修会でまとめを作成するとき、いつも紙切れ（カード、「ポストイット」などの付箋紙）を使用する。これは新人でも課長でも、年齢や役職に関わりない。新入社員の教育からそのように訓練しており、実に見事である。**問題解決の全社（組織全体）的な展開には、このようなテクニック、共有化のしかけが必要である。**

　TQC・TQM活動では、QCの7つ道具や各種の統計的手法がそのような役割を担った。20歳代の間に、手法・技法の訓練を受け、問題解決の武器とした。しかし1990年以降、このような基礎的な訓練が弱体化して、現在の中堅から若手社員には、それに代わるものがない。パソコンはまさに"パーソナル"であり、協働化には寄与しにくい。

　そのため、**全社的な問題解決を手法・技法の側面から支援する協働のためのツールあるいは共通言語がぜひとも必要である。**問題解決推進事務局の主要な役割のひとつは、このような手法やものの見方の徹底であろう。もし、手法や技法に共通の理解がなければ、部署を越えた問題解決や全社的な問題解決が円滑にすすまないのは自明である。

　まず、論理的な思考を身に付けさせることから教育が始まる。これは、20歳代に習得するべきことである。日程化のしかた、業務手順を明確にするフローチャートから共通のアイデア出し（創造力開発方法）まで5項目程度でもよく、確実に教育・訓練して、体に刻みこむことだ。e-ラーニングの時代であることも事実だが、知識があっても、満足に手法を使いこなせないのが現実だ。

　実際に手法を使わせて、つまり書いてみて、計算してみて、習得させる。身近に指導者を付け、マン・ツー・マンで一緒に格闘させることである。教育は研修室だけでなされるのではなく、OJTを含めて体得させることに主眼をおく。思考方法の具体的な内容は、層別が最重点である。

　手法の共有化は、グループや全組織による問題解決を確実にレベルアップする。もし活動がレベルアップしないなら、教えたのが知識であって、習得、体得には至っていないことを証明しているわけである。行動につなげる教育は、人対人でしか実現できない。

活動の評価にあたっての留意点

•••••••• 小手先のプレゼンに騙されない眼力を ••••••••

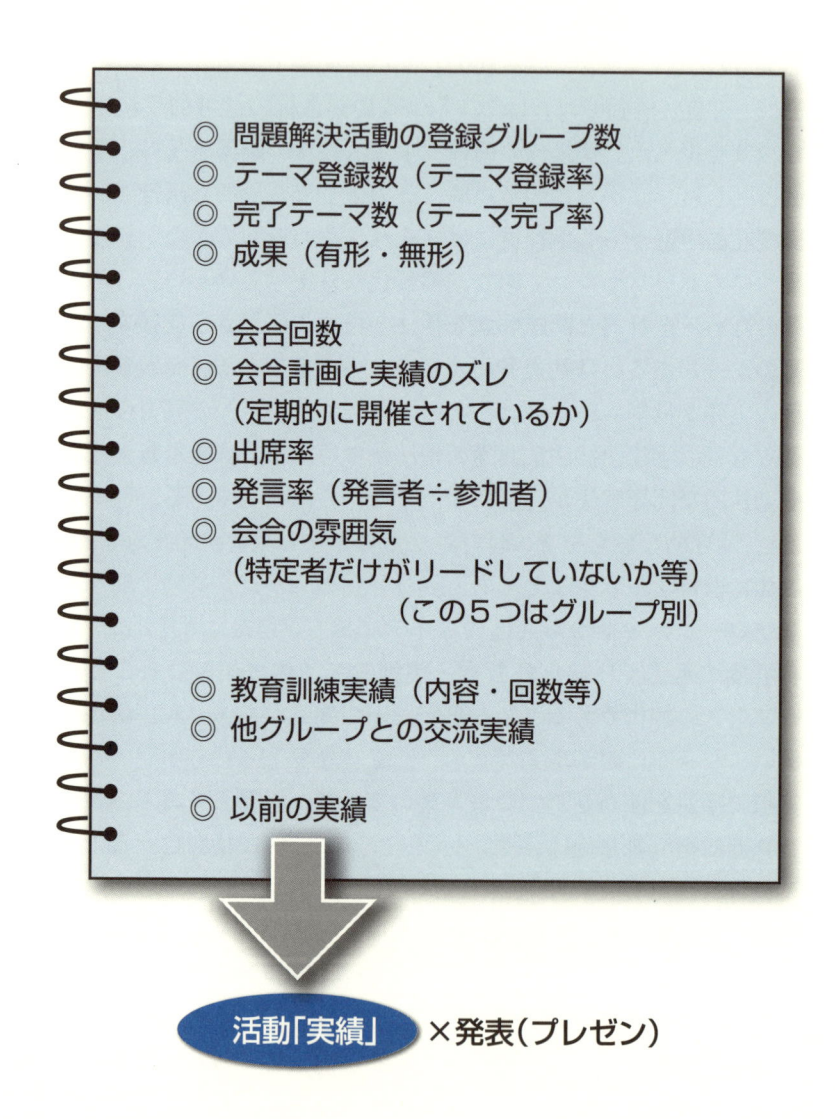

◎ 問題解決活動の登録グループ数
◎ テーマ登録数（テーマ登録率）
◎ 完了テーマ数（テーマ完了率）
◎ 成果（有形・無形）

◎ 会合回数
◎ 会合計画と実績のズレ
　（定期的に開催されているか）
◎ 出席率
◎ 発言率（発言者÷参加者）
◎ 会合の雰囲気
　（特定者だけがリードしていないか等）
　　　　　（この5つはグループ別）

◎ 教育訓練実績（内容・回数等）
◎ 他グループとの交流実績

◎ 以前の実績

活動「実績」×発表（プレゼン）

全社的な問題解決活動は、成果発表会という形で活動が一段落する。この成果発表は当然、表彰という形で締めくくられる。成果発表会にあたって、活動の推進事務局は左ページに挙げたような諸項目についてデータを作成して、その集計結果を、評価委員たちに伝達しておく。
　たしかに発表会はお祭りであり、盛り上げることが必要である。ただし、発表会が発表そのものだけに目が向いてしまい、問題解決の活動内容の点検を忘れてしまいがちなのは困る。内容がなくても発表がよければ、それを上位に評価してしまうのだ。
　そのような上っ面の評価は、問題解決の活動を上滑りなものとする。実質的な活動をせずに、うまく発表さえすれば、それで問題解決できたような錯覚を全社に与えてしまう。**ひいては問題解決の活動そのものが、形骸化してしまうことになりかねない。**1980年代までのTQC・TQMの活動が弱体化した原因の一部分は、このような点にある。
　活動の評価や表彰にあたって、事務局が注意するべきは、問題解決に関する内容に重点をおくことである。発表の方法や使われた華麗なテクニックではなく、活動そのものに重点をおくことが必要である。手法より、活動を着実にすすめたことを評価するべきといえる。不思議なことだが、地道な活動は不器用な報告であることが多い。
　このようなことは、各種の提案についてもいえる。会議での発表を買って採用した案が、大きな問題を抱えていることがある。内容かプレゼンテーション（プレゼン）かという二者択一ではなく、内容・プレゼンともよいものは最優先だ。しかし、**プレゼンが悪くとも内容があるものをきちんと評価することが、組織全体の問題解決を進展させる原動力になる。**
　本当に問題解決できたグループを高く評価できるような眼力を推進事務局が持たなければならない。事務局は、活動の期間全体をとおして活動報告をたんねんに読み、活動状況を把握し、必要に応じて現地へ足を運び、実際の活動がどのように進行されているのかを確かめることである。報告書を読むだけでは、ついつい華麗な表現テクニックに惑わされてしまうことになりかねない。

「オレの責任ではない」をどう変えるか

●●●●●●●●●「われわれの仕事」という意識付けを●●●●●●●●●

外国方式

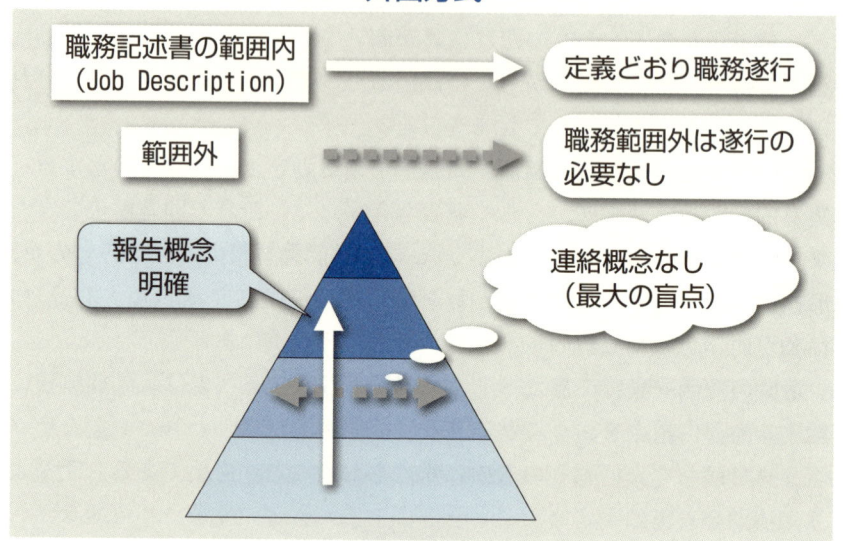

- 職務記述書の範囲内（Job Description） → 定義どおり職務遂行
- 範囲外 ⇢ 職務範囲外は遂行の必要なし
- 報告概念明確
- 連絡概念なし（最大の盲点）

日本方式

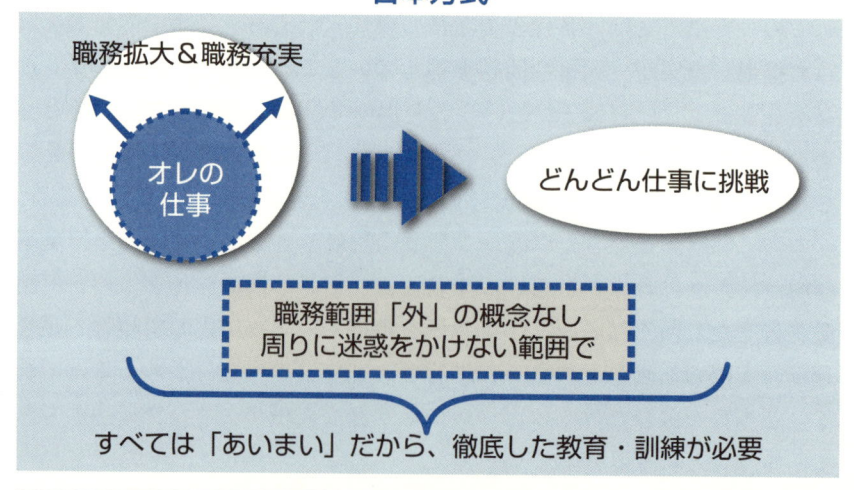

職務拡大＆職務充実

オレの仕事 → どんどん仕事に挑戦

職務範囲「外」の概念なし
周りに迷惑をかけない範囲で

すべては「あいまい」だから、徹底した教育・訓練が必要

組織において、責任と権限の問題は永遠のテーマだが、問題解決においても、責任と権限のやっかいな関係がいつも顔をだす。**問題解決にあたっても、「その問題は、オレのせいではない」という声が必ず上がる。**誰の責任かを問いつめているのではない。どこが悪いのか、どうなっているのか明確にならないと問題は解決しない。それなのに、"That's none of my business."となってしまうのは困る。

　「権限がないから、責任もない」という声もよく聞くが、これも詭弁である。権限は黙っていて付与されるものと考えるのが、そもそも甘い。権限は奪いとるものだ、と熱心に持論を展開する経営者に何度お目にかかってきたことか。権限を自らつかもうとしないから、責任も発生しない。それが、自分にとっては好都合なだけだ。

　「責任範囲外だから、オレは知らない」という態度ほど、問題の解決を阻害することはない。**「オレの責任範囲外」でも、「同じ部署の仕事だから……」、「結局、ウチの会社のことだから……」と、一歩踏みだして、全員一緒に問題解決に向けて取り組むように躾けられてきたのが、まさに"日本流"**だったはずである。少なくとも動機づけ理論で、職務拡大と職務充実がやる気をひきだすことを教えられてきたはずだ。

　そして、それを実現してきたのが日本の企業のはずだ。残念なことに、最近は多少事情が変化してきた。「それは、仕事ですか？」、「私がですか？」と問い返す若手社員が増えている。**彼らに、職場の問題解決は「われわれの仕事」であることを教えることが必要**だ。

　たしかに権限や責任は会社が規定する。しかし、**その枠の際や、枠と枠の間に真の問題が残って存在しているのだ。**営業は「開発力がないから、売上が増えない」、製造は「営業が客のニーズを探ってこないから、新製品開発できない」では、業績が向上するはずがない。

　たとえば、報告・連絡・相談の徹底である。外国人は、日本人以上に報告をする。なぜなら報告義務が、職務記述書に明確に規定されているからだ。しかし彼らには連絡概念がない。それが職務記述書にないからである。それでは困ることを、日本人も忘れては困る。

問題解決チームの人数編成は柔軟に

●●●●●●●● 多すぎても、少なすぎても困る ●●●●●●●●

チーム編成のしかた

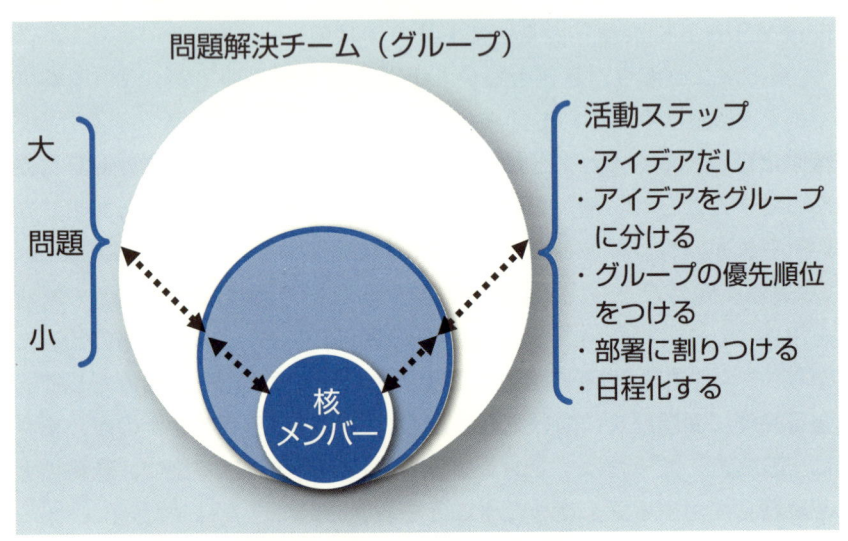

問題解決チーム（グループ）

大 問題 小

核メンバー

活動ステップ
・アイデアだし
・アイデアをグループに分ける
・グループの優先順位をつける
・部署に割りつける
・日程化する

柔軟に人数規模を変えてグループ編成する
頭数より質を重視して

層別方法
- 二分法……………２つに分ける
  （核メンバーとそれ以外、前者は固定、後者は変動化）
- 序列・時系列法……何らかの順序で分ける
  （経験の長い順、問題の大小など）
- 構成要素法…………二分法でも序列時系列法でもない分類
  （どこの部署が主管するかなど）

※層別を問題解決チームの共通言語にしよう。
　チーム編成にあたっても、活用できる。

問題解決と関連する人の関係を考えてみよう。小さな問題なら１人でも解決は可能だが、問題が大きくなれば、当然、多くの関係者で解決にあたる、と一般的には考える。実際、小さな問題から大きな問題にかけて、関係する人も増えてくる。
　だが関係者が増えれば、効率が高まる部分と、反対に効率が落ちる部分とがでてくる。決まったことを伝えるのには、少人数の方が早い。解決案の実行についても、少数精鋭でと考える。事実の収集は問題解決に関係する全員であたるべきだし、解決のためのアイデアだしも、何人かで行うことに反対する人はいないはずだ。多様なアイデアだしには、多くの人の知恵が必要だ。
　反面、だされたアイデアをグループに分類する場合など、関係者が多すぎると困る。つまり少人数での実施の方が望ましい。問題解決は対象とする問題の大きさ、あるいは関係範囲と、問題の定義から最終の解決段階まで、関係者の多少どちらが好都合なのかは変化する。大きな問題なら多数で解決し、小さな問題なら１人という公式にはならない。
　問題の大きさとステップで関係者を柔軟に変化させていくことである。ただし、この場合も**核となる人は、最初から最終的な段階までとおして関係する必要がある。核メンバーが必要な人を選んで、必要な時期に、必要な要員を選定して問題解決のチームをつくる。**
　頭数よりむしろ関係者の質が重要だ。「少数精鋭で問題解決することが成功のキー」と明言する人がいる。人数より、問題解決のテクニックを有するメンバーがいるかどうかも重要である。問題解決のキーパーソンは、この点を頭に解決チームメンバーを編成することである。
　アイデアに優先順位をつける場合においても同様で、**少数による短期間の決定が重要である。意思決定したら、すぐ実行する部署に割りつけ、問題解決案が実行に移されるようにする。**少数が効率的であるものの、関与者が少ないと実行に移す段階で職場の他メンバーに助けてもらえない。３つの層別のしかたを使いこなして、問題解決チームをうまく編成したい。

問題解決できる人材づくり

● 各階層に今求められているもの ●

> 問題解決は解決担当者、すなわち人の育成なしには達成しえない。
> 問題解決のしくみ・システムをつくった企業も、人の育成を怠っていることが多い。社員高齢化の大問題をかかえていて、問題がまったく解決していないところもある。中堅層から階層別に、どのような教育・訓練を提供すればよいのか、その哲学までを含めて要約する。人としくみの両立は、いうまでもなくむずかしいが、両立させられれば、問題は真に解決する。

問題解決の担い手づくりは急務

●●●●●●●考えながら行動できる"考動"型人材を●●●●●●●

人材開発のキーワード

- 「変化対応」
- 「グローバル対応」
- 「未来志向」
- 「全体最適志向」
- 「論理思考」
- 「重点志向」
- 「優先順位設定可能」
- 「考動型」

⬆ しくみ・システムづくり

本書では、問題とは何か、どう問題を発見し設定するのか、どう問題を解決するか、そのためのしくみやしかけをどうするかについて、8章まで解説してきた。あとは、それをどのように回すか、すなわち人間次第である。問題解決の担当者の育成については、左ページのような「育成」＝「開発」指針が期待される。

　企業規模や業種・業態にかかわらず、グローバル化への対応は避けて通ることはできない。製造業であるなら、技能系の主力はすでに外国人を中心とする派遣社員となっているかもしれない。100人を超えるような規模の会社であれば、海外に生産拠点を有して、外国人を使った生産への依存率がどんどん高まっている。

　発生した問題はすぐにグローバル化する。東南アジアのタイで起きた問題は、中米のメキシコでも発生する。問題が起きるごとに、日本人社員が海外へ出張するのはごく日常のことであり、短期応援という形でアジア圏への日帰りに近い出張も増加している。環境変化に対応できる、新たな人材層の開発、確保は多くの企業にとって急務である。それどころか、今後の会社の発展を左右する最大のカギともいえる。

　このような背景から、人材開発のキーワードは左ページのようになるのは自明である。人事評価が過去に主に焦点を合せるのとちがい、**人材開発すなわち「人づくり」は未来を見据えて、そのあり方を設定してゆく。**変化対応や未来志向はこのような点から、**最重点の課題といえる。**

　期待される人材は、ただ動くだけでなく、考えながら行動できる"考動"型人材となる。これまでの主力人材が"行動"型であるのに対して、最近の若手社員は自分1人で考えることはあっても、意思決定して、まわりと調整しながら行動に移すことができないといわれる。そのため考えぬき、それを現実の行動に移しかえる力が求められている。

　問題解決の全社的なしくみができているのに、それが回らないのは、人の育成を怠っている証拠である。問題を設定し、それを解決するのは機械ではなく人間である。その人間を全組織的につくりあげるしくみ、しかけを、この章で述べていこう。

一人前になるまで現場で徹底した訓練を

● ● ● ● ● ● ● ● ● 増えてきた中途半端な中堅層 ● ● ● ● ● ● ● ● ●

中堅層のキャリア開発

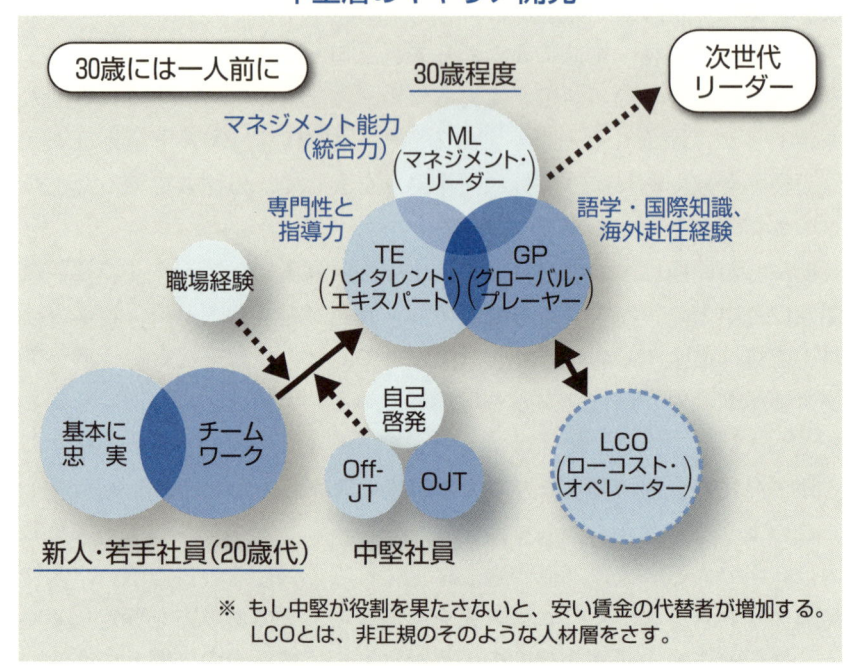

- 30歳には一人前に
- 30歳程度
- 次世代リーダー
- マネジメント能力（統合力）
- ML（マネジメント・リーダー）
- 専門性と指導力
- 語学・国際知識、海外赴任経験
- 職場経験
- TE（ハイタレント・エキスパート）
- GP（グローバル・プレーヤー）
- 基本に忠実
- チームワーク
- 自己啓発
- Off-JT
- OJT
- LCO（ローコスト・オペレーター）
- 新人・若手社員（20歳代）
- 中堅社員

※ もし中堅が役割を果たさないと、安い賃金の代替者が増加する。LCOとは、非正規のそのような人材層をさす。

論理性の簡単な判断材料

次に示すのは、世界の各言語を母国語として使用する人の数です。これをグラフで表してください。読みとりやすくするのが目的です。

ポルトガル語	115	ヒンディー語	180	日本語	110
アラビア語	128	ドイツ語	110	中国語	900
ロシア語	145	スペイン語	210	英語	320
ベンガリ語	120	その他	484		

〔単位百万人〕

『フィッシャー世界年鑑85年版』より

人は年（年齢）に応じて、その年代に問われることに直面してこないと、二度とその能力を身に付けることができない。「中堅社員」とは、経験を10年程度有する自律した社員をいう。年齢だけが基準ではないが、一般的に30歳前後で職場での問題解決の第一線に立つ"一人前"の層となる。18歳入社なら28歳程度であろうし、25歳で入社して5年程で、その職としては一人前になっていることもある。

　こうした中堅層になる前の20歳代で徹底して身に付けておくべきことは、「基本に忠実」ということと「チームワーク」である。学生時代は、単位を取得するために個人で試験を受けて、合格点をとらなければならない。このように学校の基本は、個人プレー中心である。

　最近では、学校で基本を徹底して訓練するということがなくなった。時間が足らない、体罰が許されないなどの理由もある。挨拶の練習、九九の計算、この時はこう対応するなどを徹底することは、ビジネスの世界でも危険からの脱出などに役立つ。遅刻すると、なぜダメなのかすら理解せずに学校を卒業している。

　結果として、中途半端な中堅層が増えてきた。一人前とはとてもいえない層が増加している。多くが20歳代に転職したりして、残った人材もマンネリ化しているなどの症状がみられる。かつてのTQC・TQM時代とちがい、問題解決のための基礎的な教育を怠ったつけがでてきている。このような結果、問題解決能力を有しないまま、中堅相当の年齢に達して、若手の悪い見本にさえなっていることがある。

　左ページ下の簡単な問題を解かせれば、思考能力などを判断する目安になる。この問いの本質が理解できないと、論理性が不十分といえる。日常業務は熱心に取り組んでいても、期待するレベルには達していない。

　一人前とは、問題解決に関して手順や方法をひととおり理解していることである。担当業務を自律して遂行し、担当業務に関する問題を自分の手で解決できることが求められる。中堅以降は、問題解決の専門家としてのレベルが要求されており、中堅になるまでに、第一線で徹底した問題解決の経験を有していることが期待されているといえる。

自らそして人を使い問題解決する

●●●●●●●●●● 35歳前後からの監督職級への期待 ●●●●●●●●●●

監督職級の役割

～「活性化」人材の核に ～
OJTと問題解決のため、指導力を高め、職場を活性化する

- 全体像と個別のバランス理解
- リーダーシップ発揮
- チームワーク構築
- 部下指導
    （やる気にさせる行動モデル体得）
- 業績把握

職場内全体

20歳前後の新人や若手層は30歳前後で中堅層になり、35歳前後からは監督職級としての役割が期待される。前項のキャリアラダーや左ページの図のように、**管理・監督職としてリーダー的な役割や第一線での第一人者（社内＝組織内で）として、また海外進出にあたっては現地法人の経営層のような役割が期待されている**のが、この監督職級である。

　いいかえれば、「次世代リーダー」としての大きな役割が期待されるわけである。ところが、この層には人材不足をはじめとする各種の問題が残っている。初級管理職層から監督職層であるこの年代層は、入社がバブル経済真っ盛りの時代であり採用も十分でなく、途中の退職者も多く、残った人材層は量的にも質的にも満足ではない。

　入社後はバブル経済の崩壊期にあたり、十分な教育訓練のないまま監督職級に昇格しているのが実態である。担当業務に関してすら、高度な技術の習得には至っていない。部下への指導力が不十分で、メンタル面でも問題をかかえている中途半端な人材層になっていることが多い。**この層がしっかりしていれば、そのすぐ下になる中堅層から若手の業績を上げることも可能なはずだ。**

　監督職級は、まず職場の各種の問題を解決することに、焦点を合せたい。自分の担当業務だけでなく、職場の問題解決を主導する役割が期待される。中堅以下の層が主体となる問題解決は軽い問題が中心で、本質的な問題解決は、この監督職級が設定から解決までを分担するべきだ。中堅層では、問題の発見は可能でも、解決は不十分になりかねない。

　同時に多くの企業では、監督職級は初めて評価者になる層である。**きちんと評価して、部下や後輩に「よくやっている」とひと声かけることが期待される。**適正な評価は、職場の第一線にいる第一次評価者次第である。公正に評価し、よくやったことは「よい」と認め、悪かった点は「ここは、こう変える」と叱ることが、部下の成果向上につながる。

　この層には職場活性化への核としての役割が期待されるが、その主力は問題解決、とくに顕在未知から潜在既知の問題解決を中心にあたることが期待されているわけである。

部門の「間」、「際」の問題解決者に

・・・・・・・・・・ 経営者感覚を持つ管理職級へ ・・・・・・・・・・

管理職級の新しい役割論

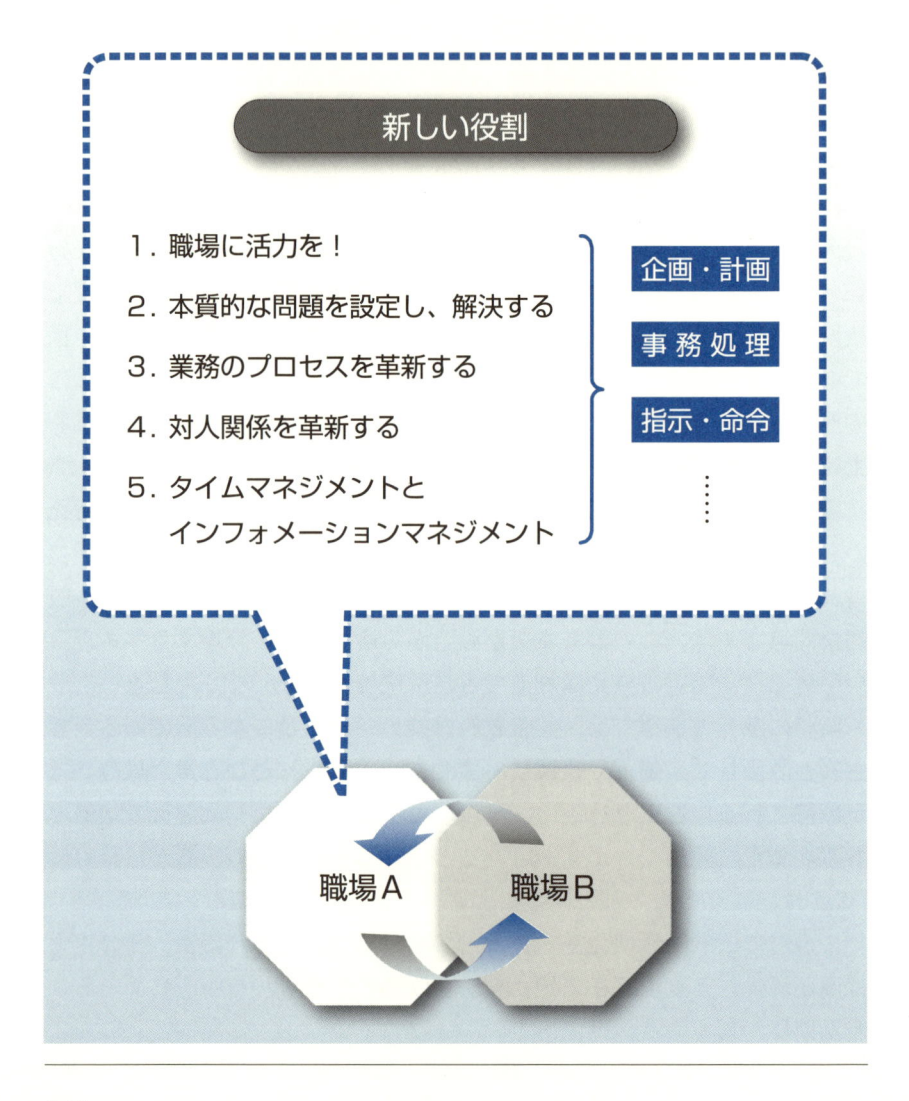

新しい役割

1. 職場に活力を！
2. 本質的な問題を設定し、解決する
3. 業務のプロセスを革新する
4. 対人関係を革新する
5. タイムマネジメントと
   インフォメーションマネジメント

企画・計画

事 務 処 理

指示・命令

⋮

職場A　職場B

管理職級の役割は、左ページのような5項目がまず頭に浮かぶはずだ。業務プロセスと対人関係の革新・変革をとおして、2番目の本質的な問題の設定、解決が可能となる。役割の総括は、職場に「活」（＝活力）を与え続けることといえる。

　このために具体的に必要なのが、タイムマネジメント（筆者は、「時間管理」ではなく「時間活用」と訳す）とインフォメーションマネジメント（「情報活用」）である。これらの5項目をとおし、企画・計画、事務処理、指示・命令そして会議など各種のコミュニケーションをとることになる。

　問題解決にあたっては、担当業務や職場（課長であれば「課」）内で自分の守備範囲だけの問題を解決しているだけでは不十分である。課と課、部と部などの「際」や「間」の問題解決、すなわち"部間問題"や"課際問題"の解決こそ、管理職級に期待される役割といえる（0409項参照）。

　管理職の育成・開発は、依然大きな課題である。彼らが、プレーイングマネジャーどころか、「プレーイングプレーヤー」（担当職）化しており、マネジメントとは程遠い実態があるせいである。かつての企業内教育の主眼はこの層であったが、この10年間は未教育なまま管理職相当になっていることも多いのである。

　しかし課長級（または、初級管理職）の時の経験や教育で、真の意味の管理職をつくりあげないと、部長級になってからでは遅すぎる。「経営者感覚」をこの時代から開発しておかないと、社員感覚のままの部長や役員が続出しかねない。中長期的な視点から、事業や戦略を構築する訓練をしないと、いつまでも場当たり的な対応しかできない上級管理職予備軍を増やすだけだ。今の問題は、監督職級が解いてくれる。

　現実は、経営者感覚どころか、管理職感覚もない管理職が増えている。残業手当がカットされて、収入も減ったというのだが、成果を評価してほしいと胸が張れないようでは困る。積み上げ式の見方だけでは、海外とのきびしい競争を勝ち抜く演繹思考が可能なリーダーやマネジャーにはなりえない。ビジョンと経営者感覚を持つ、新しい管理職級の育成・開発が問われている。

機能別の部門代表ではないという自覚を

・・・・・・・ 中長期的な視点が不可欠な役員級 ・・・・・・・

日本型組織は社内取締役兼任方式が主力

日本型役員の役割は海外とは異なる

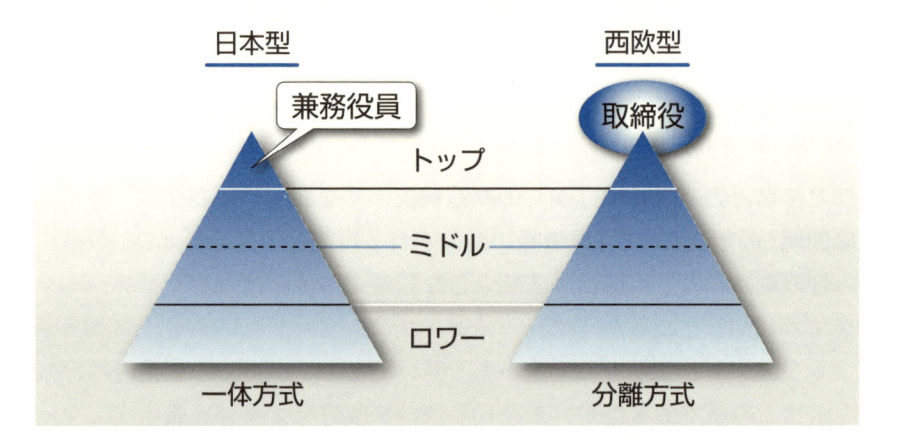

```
       日本型                西欧型
      兼務役員               取締役
    ／＼                  ／＼
   ／   ＼ トップ         ／   ＼
  ／─────＼              ／─────＼
 ／         ＼ ミドル    ／         ＼
／ ─ ─ ─ ─ ─ ＼          ／ ─ ─ ─ ─ ─ ＼
／             ＼ ロワー ／             ＼
─────────────           ─────────────
  一体方式               分離方式
```

「マネジャー」から「リーダー」へ役割を変える

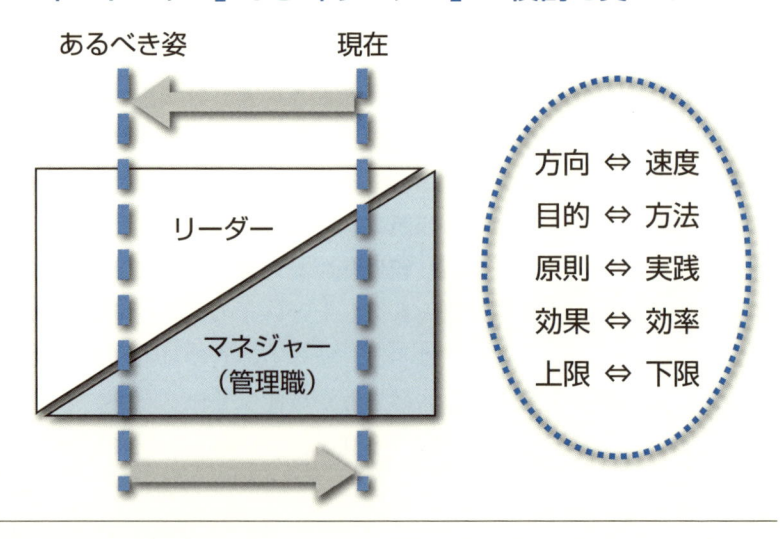

あるべき姿 ← 現在

- リーダー
- マネジャー（管理職）

方向	⇔ 速度
目的	⇔ 方法
原則	⇔ 実践
効果	⇔ 効率
上限	⇔ 下限

海外では、「マネジャー」と「リーダー」とは別の役割を果たすと考えられており、この点について議論が盛んだ。筆者は、この二分論に明らかに異議を唱えたい側である。

　同様なものの見方は、「グループ」と「チーム」に見られる。数年前のことだが、日本に勉強に来ていたイラン人から、グループワークを実施している最中に、懇懃なご指摘をいただいた。それは自分たちをグループといわず、チームと呼んで欲しいというものだった。海外では、グループとチームを別のものとみなしている。われわれ日本人からすれば、どちらも同じではないか、というのが筆者の本音であった。

　このような議論は、「取締役」と「執行役」についてもある。左ページの上のように、海外の企業では、取締役の大半は社外取締役である。だから、企業ピラミッドの外に存在する。しかし日本の取締役は、社内にほぼ全員がいる。最近の新たなガバナンス論から、社外取締役を多く置く企業でも、役割が十分機能しているという話は聞こえてこない。

　このように、海外での考え方がそのまま日本の組織に適用できるかというと、多くの議論がなされてからと考える。マネジャーとリーダーの役割区分においても、海外では別の人が分担するべきと考えていたとしても、**日本では同じ人があるときはマネジャーの役割を、別のときはリーダーの役割を使い分ける方が好ましいように感ずるのである**。かといって、どちらの役割も中途半端になるようでは困る。

　管理職の上にいる役員級のレベルアップも急務である。役員には任期があり、業績いかんでは再任されない。けっして社員の延長線上にはない。**しかし現実の役員は社員の延長線上にあり、その役割を果たしているとはいえない**。海外と日本の取締役の位置づけは異なる。日本の兼務役員の場合は社員感覚の延長線上に位置づけられないわけではないが、役員としての役割の遂行がより問われているのは明白だ。

　役員の役割は、複数年つまり中長期的な視点からの課題解決である。現時点やここ１年の結果と将来の両方が問われるし、機能別の部門代表ではなく、その組織（会社）の代表としての役割が期待されるのである。

問題解決を特定層に止めない

•••••••• 経営者感覚なくして、問題解決なし ••••••••

課長級で「経営者感覚」を持たないと遅い

あるべき姿 ← 現在

経営者感覚
社員感覚

「社員感覚」の延長線上に「経営者感覚」はない

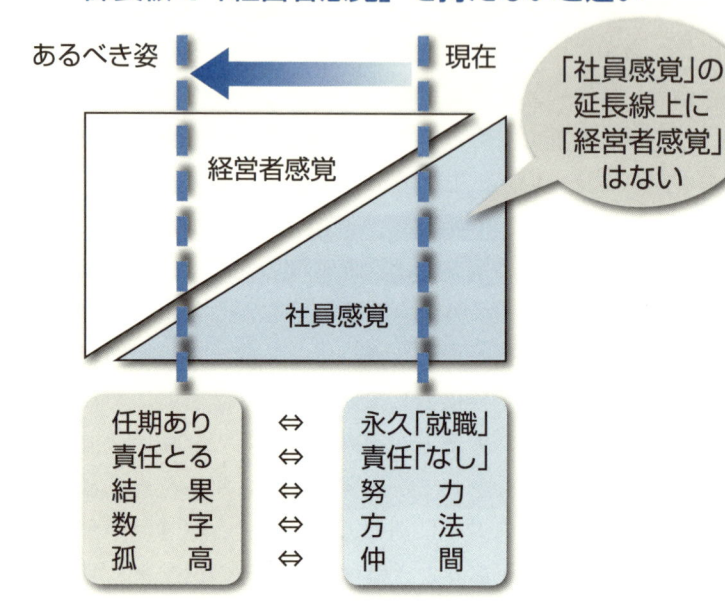

任期あり	⇔	永久「就職」
責任とる	⇔	責任「なし」
結　果	⇔	努　力
数　字	⇔	方　法
孤　高	⇔	仲　間

問題解決の共有化

縦＝年齢・役職の上下

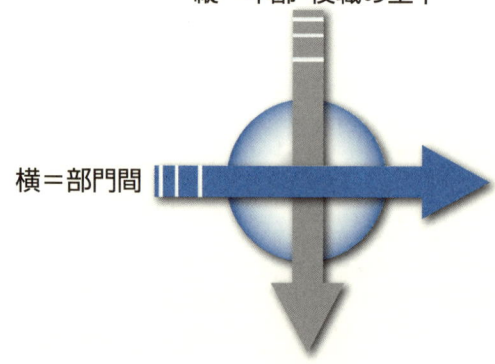

横＝部門間

役員級には、いうまでもなく経営者感覚が必要で、それは社員感覚の延長線上には存在しないことを前項でまとめた。と同時に日本型は、「兼務」方式で、二分法の海外での考え方とは別であるとも加えた。矛盾するようだが、**あるときは経営者感覚、あるときは社員感覚と、うまく両立・共存させるところ、あるいは使い分けるところに、日本型のマネジメントが存立すると再確認しておきたい。**

　この使い分けは、実にむずかしい。ついつい、逆の使い方をしてしまう。また、どちらかだけに終わってしまう。十分に気をつけないといけない。同時に経営者感覚は、役員になってから身に付けるのでは遅いことに注意したい。**むしろ課長クラスで、社員感覚とも管理職感覚とも異なる経営者感覚を学び始めることが必要と強調しておきたい。**

　経営者感覚と社員感覚のちがいは左ページの図を参考にしてほしい。**強調したいのは、経営者感覚とは「責任をとる」ことである。**社員の場合、結果は「自分のせいではない」と言い訳できる。しかし経営者は、即、退陣して責任をとることが、社外からも要求される。この点が、問題解決との関係で重要といえる。

　問題解決において社員感覚が増長されると、方法に対して責任は持つが、結果や数字に対しては責任をとらないという意識がはびこる。「問題が解決しなくても首にはならないし、オレが在籍する間だけ業績がよければそれでよい」という潜在意識の強化につながると、永遠に問題は解決しない。問題解決には、結果や数字がたえず問われる。また結果への責任が問われているのだ。

　組織の永遠の発展や存続を考えるなら、組織内の技術・技能の継承や伝承は必須であり、組織のものの見方、考え方が広く共有されることが期待されている。継承や伝承、あるいはコミュニケーションは、「縦」と「横」で考えるとよい。縦は、年齢や役職の上下である。横は、部門間や組織間をいう。この両側面から、問題解決の技術向上を、全員で推進してほしいのである。自分の部署内や同じ年代だけの問題解決に終わってしまっては、残念の一語につきる。

問題解決に直面することが成長のバネになる

●●●●●●● 問題解決に悪戦苦闘する時期の必要性 ●●●●●●●

What it takes to be great

Well, folks, it's not so simple. For one thing, you don't possess a natural gift for a certain job, because targeted natural gifts don't exist. (Sorry, Warren.) You are not a born CEO or investor or chess grandmaster.

You will achieve greatness only through an enormous amount of hard work over many years. And not just any hard work, but work of a particular type that demanding and painful.

FORTUNE' October 30 '06

※「ウォーレンごめんね」とは、米国の著名な投資家であり慈善家であるウォーレン・バフェット氏のことをいっている。
「長年の膨大なハードワークだけが、人間を立派にする」し、それも「いま必要とされ、きびしいもの」というのにうなずけませんか？

気がついたら、たいへんなことになりませんか？

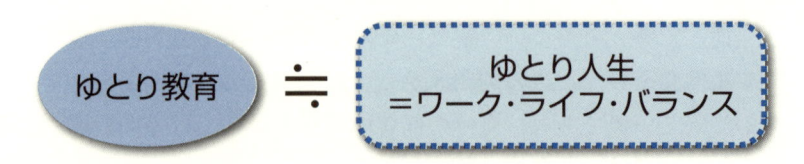

ゆとり教育 ÷ ゆとり人生＝ワーク・ライフ・バランス

世間を見ると、なんだか疑問を感じることが多い。ここ数年叫ばれた「ゆとり教育」とは何だったのか。正直なところ筆者には、教員に週休2日を確保するための便法であったとしか思えない。教員に土曜の休みを与えるために、生徒を犠牲にした結果が、最近の学力低下や塾ばやりにつながっているのではないか。

　同様なことが、今ビジネス社会において起きている。「仕事と人生とのバランス」（「ワーク・ライフ・バランス」）のことである。比較対象としてあげるのは、米国の雑誌『フォーチュン』の記事である。**テーマは「何が立派にさせるか」である。その答えは「ハードワークだけ」と**いうものだ。しかも中途半端なものではなく、長年のときている。

　日本ではゆとり教育ならぬ「ゆとり人生」、米国では「ガンバレ、もっと働け、そうすれば立派になれるゾ」と。この両者のちがいに、筆者はゆとり教育と同様の胡散臭さを感ずるのである。もちろん、仕事と人生のバランスはとれている方がよい、バランスをとらなければならない、と考える。しかし、それは短期的なバランスではなく、その人の一生をとおして振り返ると、「うまくバランスがとれた人生だったナ」といえるような類のものと考えるのだ。

　むしろ人生においては、徹底的に"仕事づけ"になる期間が必要ではないか。よく「女性にとって20歳代はキャリア開発にとってもっとも大切な時期だ」といわれる。それは性別によらない事実である。しかし20歳代は子を生み、育てるのにもっとも適した時期とも重なる。この点についての評価は、ここでは差し控えよう。

　問題解決においても、問題の設定から解決までを徹底して取り組むべき時期があることを、筆者は声を大にして叫びたいだけである。問題解決も、ある時期に集中して取り組み、日常的な簡単な問題解決から、非常にむずかしい問題解決まで、それこそ"千本ノック"を受けることでしか「問題解決の達人」にはなれないと考える。

　問題解決の場に直面し、われわれはその苦しみや解決後の爽快感を経験せずに、簡単に問題解決ができると考えるのは、甘い。

問題解決の経験を社内で語り継ぐ大切さ

●●●●●●●●1～2日の教育でスキルは会得できない●●●●●●●●

問題解決のための人づくりの考え方

人づくりに終わりなし！

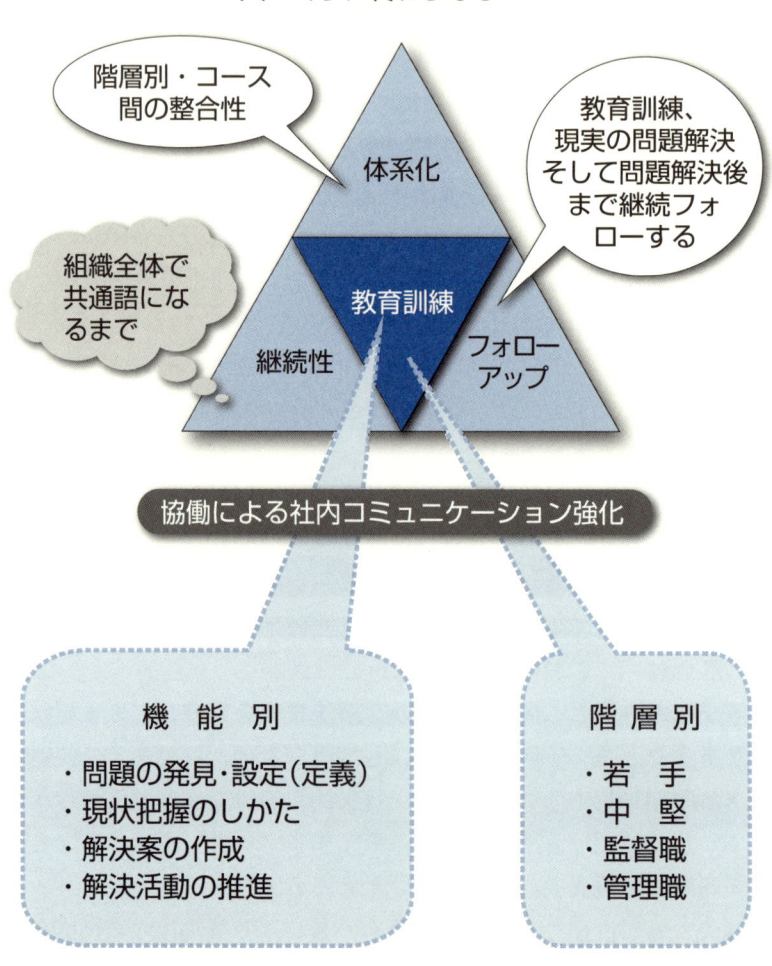

- 階層別・コース間の整合性
- 教育訓練、現実の問題解決そして問題解決後まで継続フォローする
- 組織全体で共通語になるまで

（三角形：体系化／継続性／フォローアップ／中央：教育訓練）

協働による社内コミュニケーション強化

機 能 別
- ・問題の発見・設定（定義）
- ・現状把握のしかた
- ・解決案の作成
- ・解決活動の推進

階 層 別
- ・若　手
- ・中　堅
- ・監督職
- ・管理職

問題解決においては、語り継ぎが重要である。「問題とは何か」、「どのように解決するのか」、「解決のポイントはどこか」を若手社員のときから徹底して教育し、きちんと理解させ、実務に移させるようにする。若手社員が中堅層になればそれに応じて、監督職層には監督職の、管理職層には管理職の問題解決のために必要不可欠な教育を実施する。階層別に何が期待されるかは、この章の前半でまとめたとおりである。

　問題解決の教育は、知識教育ではない。知識を教えるだけでなく、実際に問題を解くことによって、問題解決が体得できるのである。知識だけでなく、問題に何度も直面した経験や、それをしのいだという自信などをとおし、真の意味で問題解決のスキルを会得することかできる。

　問題解決というテーマは、永遠のテーマである。1〜2日の研修を受けたから、もうそれでおしまいということはない。各種の人材開発、あるいは教育訓練との相互関連性で考えたい。せっかくの教育も特定の階層の中にとどまってしまえば、効果は半減する。研修コース間に関連性を持たせ、継続性（今年やったことは、来年も次の層に繰り返す）が問われる。社内の共通語になるまで「語り継ぐ」必要がある。

　会社の方針や基本的な価値など、これらは全社員によって共有されるべきものである。同じように問題解決の場で語られるものの見方や手法などは、多くの社員によって共有されるべきものである。

　教育訓練コースの体系化・整合化は、若手社員から中堅、監督職級、管理職級から部長級そして役員級にかけて整合度合いを強めて、**開発すべき能力の明確化を図る必要がある**ということである。

　人材育成あるいは人材開発、つまり教育訓練などをとおした人材活用の最終目的は、企業など各種組織の業績向上や革新にあり、そのため「全員経営」の側面を強化していくことが重要である。全員が自分の問題を発見や設定することで問題を定義する。そして解決のための行動を起こす。それが組織全体で推進されることが問われている。

　問題解決が自力でできる組織こそが、あるべき組織である。問題が存在することが出発点であり、自力で解決されることで終着点近くとなる。

現実と格闘し学ぶべきは、むしろ管理職

●●●●●●●●●●●●●日本的小集団活動の光と影●●●●●●●●●●●●●

日本の小集団活動（初期から中期）の形態

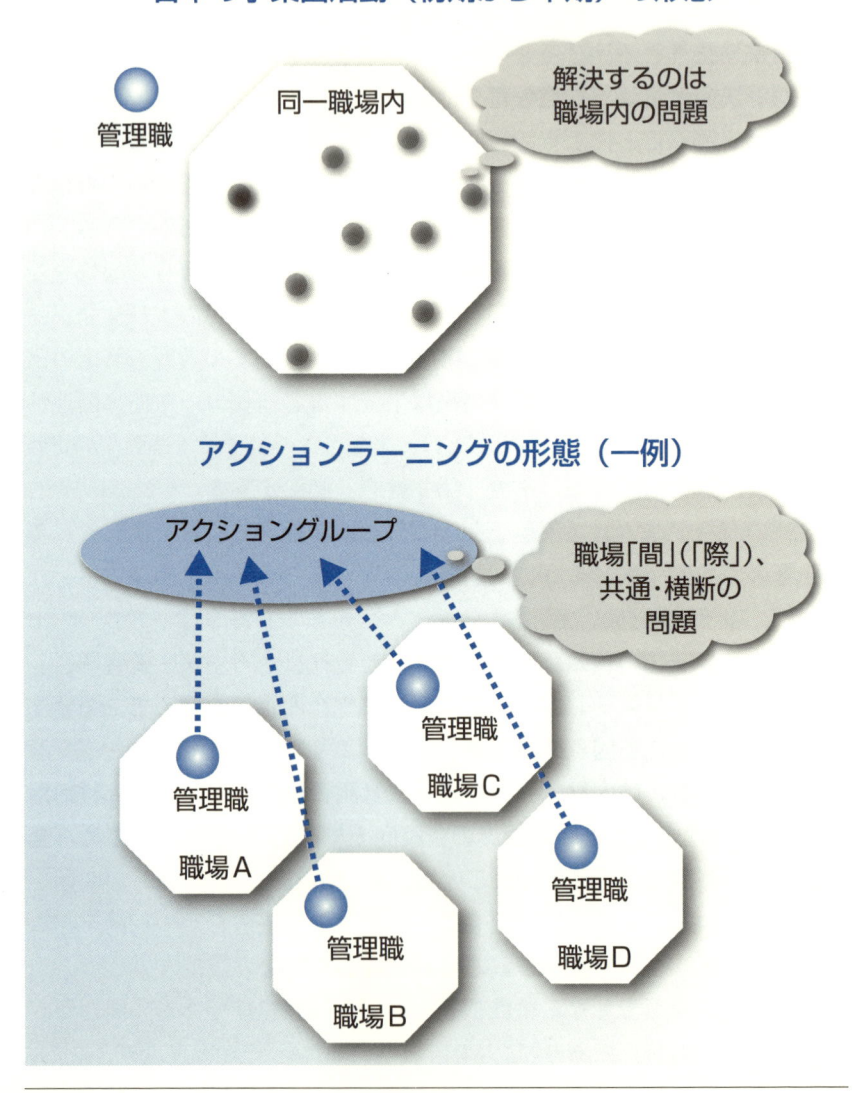

管理職　同一職場内

解決するのは職場内の問題

アクションラーニングの形態（一例）

アクショングループ

職場「間」（「際」）、共通・横断の問題

管理職　職場A
管理職　職場B
管理職　職場C
管理職　職場D

「アクションラーニング」とは、イギリスの教育学者R・レバンスの唱えた学習に関する理論である。要するに、**人は現実の問題をとおしてしか真には学ばない**というものである。知識教育やケーススタディなどのさまざまな教育も、現実との強い関連なしに、問題を解くことはないとする。アクションラーニングでは、職場マネジャーたちが現実の問題を、小集団でさまざまな角度から討議をして解決する。

中産連では、1987年から英国のアクションラーニング協会と提携しつつ、この理論を深めてきた。われわれは、この理論をイギリスから直輸入した。しかし近年、米国経由で研究し、アクションラーニングの重要性を説くところがある。米国経由のアクションラーニングは、レバンスの説くものとは別の理論のように、筆者には感じられる。

次のような興味深い記述がある。「レバンスの初期の思想の**重要性を十分に理解したのは日本人だけで、日本企業はこれをQCサークルの哲学の基盤に据えた**」(『マネジメントの先覚者』、キャロル・ケネディ著　ダイヤモンド社、2000年)。米国経由のアクションラーニング理論は、特別なもののようにアクションラーニング理論を評価するが、上の指摘を待つまでもなく、レバンスが唱えたのは、われわれ日本の小集団活動が日常的に慣れ親しんだものと、さほど遠くはない。

追加すると、日本人はレバンス理論に従って小集団活動を展開したわけではないし、われわれ日本人はTQC活動をとおして、重要な点で欠落に気がつかなかった。**アクションラーニング理論のいうように、人は現実の問題解決をとおしてでしか、問題解決を学習しない。しかし、日本の小集団活動は、「同一の職場内」で「係長以下」のメンバーとしたところに、さらなる大きな問題を解決する糸口を見失ってしまった。**

現実との格闘だけが、真に問題解決をすすめる。しかし、その問題を職場内の比較的小さな問題で、解決活動には管理職は関与しない、と考え続けたことで、組織全体の大きな問題解決を阻害してしまった。GE社のウエルチ元会長や日産のゴーン氏がとった部門を超える問題の解決に遅れをとったといえよう。

求められる新たな能力開発

•••••••• 時代の急速な変化に対応する人づくり ••••••••

育成と開発のバランスで、真の問題解決に寄与

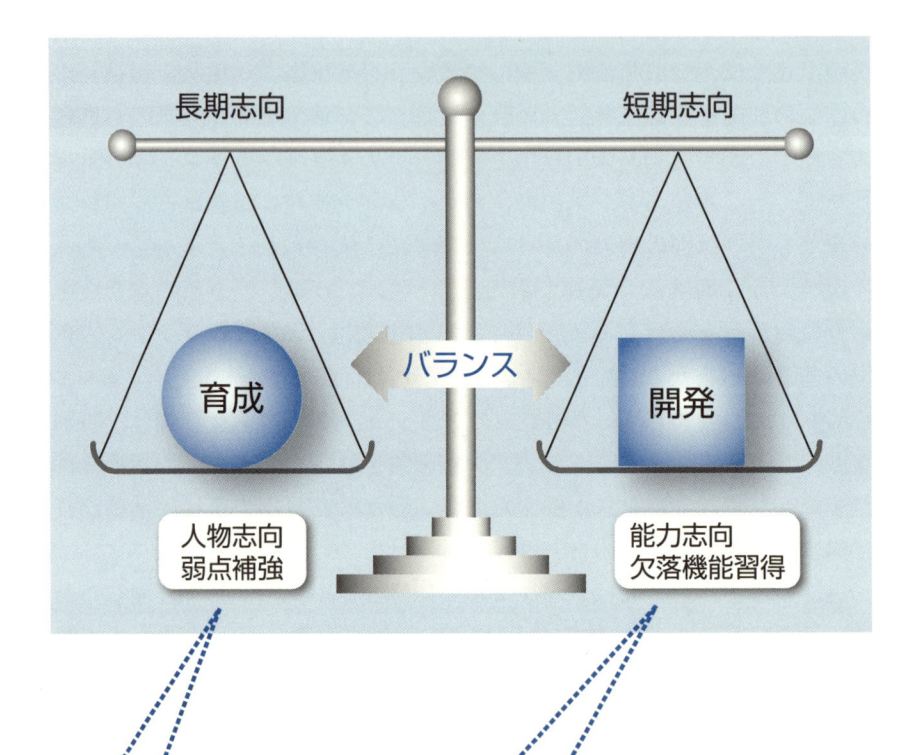

長期志向 — 短期志向

育成 ←バランス→ 開発

人物志向
弱点補強

能力志向
欠落機能習得

困れば、なんとかなる
時間がたてば、身に付く
いずれ問題解決する
問題を避ける
問題との格闘をやめる

何が足らないか定義する
時間をかけて、不足を補う
能力開発で、問題を解決する
問題に直面させる
問題と格闘し続ける

効率化主力の時代から、活性化対応の時代をへて、新たな価値観や事業、そして製品の創造が問われる「創造化」時代の到来を踏まえ、新たなる問題を解決できる人材の開発が求められている。この点を踏まえ、われわれも何種類かのプログラムを提供してきた。

　これまで人材「育成」と「開発」ということばをあいまいに使ってきたが、ここでは、「開発」概念と「育成」概念のちがいを明確にし、その両者の併用・併存の必要があることを確認しておきたい。もちろん広義の人材「育成」には、「開発」も狭義の「育成」機能も含まれる。

　しかし、**これまでの日本型人材育成方式だけでは、新たな時代が期待する人材の育成には至らないということである。**「時間をかけていろいろ経験すれば、おのずと能力は高まる」式のこれまでの対応だけでは、時代の急速な変化には対応不可能であることを強調したい。

　新たな時代に対応する人材づくりには、これまでの「育成」概念を基盤にしつつも、**期待能力（習得すべき能力）を明示して、その能力を短期的に、教育訓練などをとおして習得させる能力開発が必要で、この「開発」なしには、企業の業績は向上しない。**その方式を人材「開発」と呼び、育成概念とは明らかに別なものであることを理解しておきたい。

　人材開発機能を持ち、さらにこれまでの育成概念との融合、折衷できてこそ、新しい日本的な人材育成がすすむ。一見、二律背反に見える２つの概念を融合化させられてこそ（二律共存・両立）、新たな人材育成に成功するのである。広義の「育成」概念には、「開発」概念は当然含まれるが、（狭義の）人材育成の考えだけでは、現実に必要とされる能力が必要なときまでに身に付いているとはいえない。

　組織(企業)は意図して、人材開発を心がけていく必要がある。短期的に必要な能力を習得させる「しくみ」、「しかけ」を意図的に用意する必要があるといえ、それが教育訓練の役割となる。問題解決に関して、自分の欠落する能力をはっきりさせて、短期間にその能力を習得することだけが、現実の問題を解決させるといえる。問題解決の実現には、このような人材の開発が不可欠であることを再確認してまとめとする。

10 二律共存・両立で問題を解く

● チームで知恵をだし合える組織風土づくりを ●

> 足元を再確認することで、本書の総まとめとする。普段われわれは、問題解決を阻む思考に安易に寄り掛かっている。例えばカタカナ表現で、中身を理解できていますか。「ソリューション」など安易に用いられるものの、真の問題解決とは相対する位置にある、と筆者は考える。
> 問題解決は、職場全員のやる気や全員の働きかけによってのみ達成できるはずだ。自分自身を再確認して問題解決に挑戦しよう。

二律を共存・両立させ、真の問題解決を

●●●●●●●●●●●● 新たな問題解決への出発 ●●●●●●●●●●●●

同じアングロサクソンでも、表現は別だ

英国での1階
(1st Floor)

米国では1階

英国では、社長は"Managing Director"という。
'MD'は日本でいう、常務や専務ではない。

「コンピテンシー」は、米国では事実上普通の「能力」と同じ
「コーチング」はたんなる「指導」、主力は「部下指導」である
「バイスプレジデント」は単純に「部長」だ

カタカナ語で思考停止するな！
「コンサルタント」の筆者が
いうのだから、間違えはないゾ(?)。

しかし、
日本語と英語と対比して考えてみよう
・年功序列とSeniorityとは別だ
・戦略とStrategyとは別だ

変化を引き起こすために、「比較」が重要であることについては1章でまとめた。比較が適正に実施されないと、問題は解決しない。比較を妨げ、問題解決を阻害するものの代表は、あいまいな表現だ。カタカナ語はその最たるものである。**カタカナ語の使用は、問題解決を阻害するばかりである。カタカナ語で煙に巻いたり、「海外では……」と誤魔化してしまうと、問題は解決できない。**

　カタカナ語ほど怪しいものはない。また海外や欧米にかこつけることほど、思考停止を起こさせることはない。「欧米では……」というが、実際それはアングロサクソンの見方であり、ドイツやフランスなど欧州大陸の考え方とも異なっていたりする。米国と英国でもちがいが大きいことは、道路で車の通る側がちがうことから、誰でも知っている。

　だから、いいかげんにカタカナ語で誤魔化すのはやめよう。**しかし、外国語で「考えるな」と同時に、外国語で「考えてみろ」ともいいたい。**これが、適正な比較につながる。これこそ、二律両立あるいは共存の考え方の基本だといいたい。本書では、二律背反を共存・両立させるところに、真の問題解決があることを何度か述べてきた。

　事実をきちんと集め、現状を把握することは問題解決においては必須である。しかし事実の収集と、それに対する「評価」、「判断」は別である。事実観察には優れていても、分析や判断がまずいと問題は解決できない。それでは、真に問題解決にはならないのだ。**二律を共存・両立させるところに、真の問題解決がある。**

　たとえば、演繹的な見方と帰納的な見方の統合、あるいは折衷が必要だ。事実をきちんと収集したうえに、適正な分析・評価を両立させることだけが、問題を解決する。安ければ、品質が落ちるでは困るのだ。安価でかつ高品質なところに、はじめて売れて、売れて困る状態になる。しかも、QCDSMとコンプライアンスは両立させなければならない。

　要因追究型の問題解決とビジョン設定型の問題解決とは、まったく別なものではないのだ。成功と失敗は紙一重であるし、失敗こそが成功の母なのはことわざにあるとおりである。

2つの側面の対比で問題解決を考える

●●●●●●●●●● ただし、その両者は連続している ●●●●●●●●●●

ウエイト（割合）の問題である

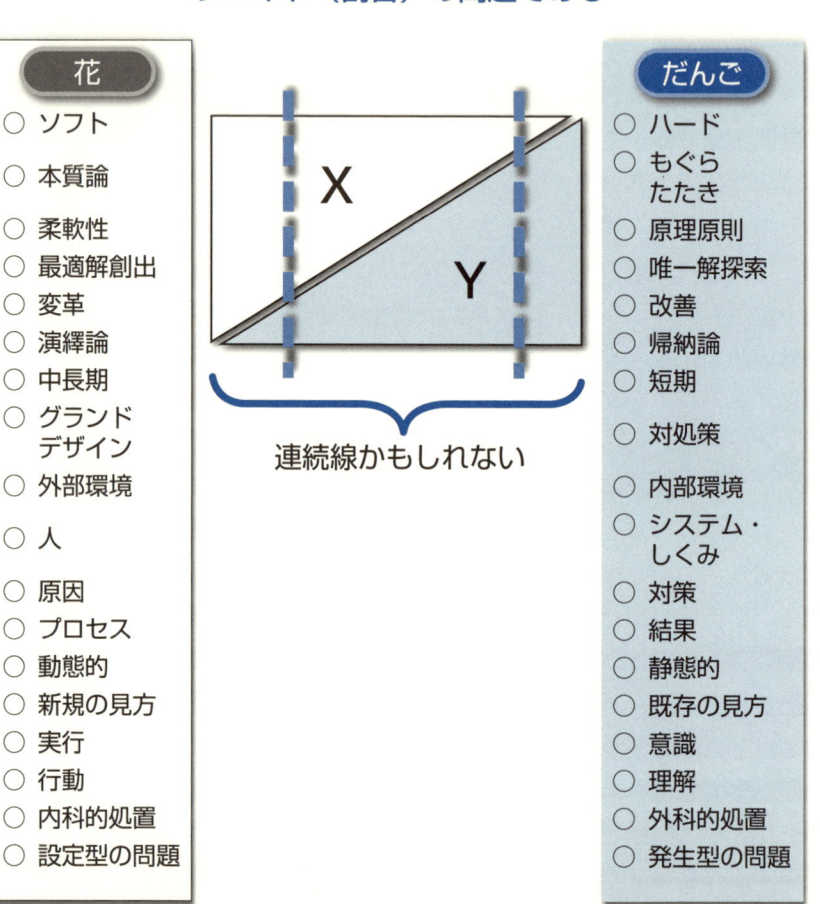

花
- ソフト
- 本質論
- 柔軟性
- 最適解創出
- 変革
- 演繹論
- 中長期
- グランドデザイン
- 外部環境
- 人
- 原因
- プロセス
- 動態的
- 新規の見方
- 実行
- 行動
- 内科的処置
- 設定型の問題

だんご
- ハード
- もぐらたたき
- 原理原則
- 唯一解探索
- 改善
- 帰納論
- 短期
- 対処策
- 内部環境
- システム・しくみ
- 対策
- 結果
- 静態的
- 既存の見方
- 意識
- 理解
- 外科的処置
- 発生型の問題

X／Y　連続線かもしれない

Think Big Act Small or Think Globally Act Locally
着眼大局・着手小局

本書では、問題解決には複眼思考あるいは二律の共存が必要であることをまとめてきた。前項で述べた日本語と英語で考えることも、同じ視点からみてのことである。人間には、必ず影がつきまとう。影のない人間はいない。ある人を評価するにあたっても、光の部分と影の部分がある。それと同じことが、問題解決についてもいえる。
　いいアイデアをだすが、実行力が弱い。これでは、問題は解決しない。いいアイデアはでたが、それを実行計画に置き換える力がないこともある。**一見対立する二律を共存、両立させられるところに、真の問題解決がある。**現状をよく観て、現状把握する。それを正確に分析して、判断する。判断したら今度は、その結果をまわりに伝える。このように仕事には別の働き、一見すると相反するようにみえる仕事が次々と続く。
　どのような二律で「問題」について考えればよいのか。左ページのような、2側面から考えればよい。これまでの章を要約してみた。これがすべてではないが、このような対比で考えてみると問題を解決するときに役立つ。問題の発見・設定・定義また解決案だし、その実施にいたる全工程において役に立つだろう。
　内科的処置と外科的処置についても両立はむずかしい。外科的な手術に成功しても、その後、継続的な内科的治療がなければ、人間の体は元の健康な状態には戻れない。病巣を手術で摘出すれば、問題解決というわけではないのだ。しかし、"切ったはった"の世界にいると、内科的な時間をかけた治療を理解するのはむずかしい。両面に秀でるのは簡単ではない。忍耐も必要である。
　すべては「0」か「1」かではなく、実際はその間が連続的につながっている。0から1の間には、無限に数が続いているのである。見えなくとも、延長線上に数が連続しているのである。それを0か1かで二分して把握しようとすると、どうしてもムリが生ずる。ムリを承知で問題解決しようとすると、どこかにひずみが生じる。そしてそのひずみの結果、中途半端か、あるいは一時的な問題の解決に終わる。これでは、影のない人間を創造していることと同じといえる。

自己管理と当事者意識が問題を解決する

••••••••••••ドラッカーの古典から学ぶ••••••••••••

目標管理と自己統制

- P・ドラッカーは大著"Management"で目標による管理は、"Management by Objectives and Self-Control"（目標と自己統制による管理）であり、"Management by Crisis and Drives"（危機や誘導）ではないとした。
- 報酬も、間違った成果や行動が重視されないように、共通の利益のためにとした。

ドラッカーは、こう断ずる

フォード社がNo.1の座を失ったのは、「管理職」や「経営管理」を考えなかったせいである。

The first Ford failed because of his firm conviction that a business did not need managers and management. All it needed, he believed, was the owner-entrepreneur with his "helpers."

(P. Drucker "Management")

P・ドラッカーの数多くの著書は、経営や管理そして問題解決を考えるとき、よい比較対象、つまり参考書となる。ドラッカーが、どういっているかを頭に入れておくといい。ただし、ドラッカーのいったことをそのまま実行してみてもダメだ。ここでは、『マネジメント』から引用する。これは『現代の経営』以降の集大成ともいえる、分厚い書物である。

　目標管理つまり「目標による管理」は、正確にいうと「目標と自己統制による管理」であると述べていることに注意しよう。目標管理は、目標あるいは目標値の達成だけを問うものではない。**目標を立て、その目標を完遂するまでのプロセスを管理するしくみだが、ドラッカーは、もう一歩すすんで「目標と自己統制による」といっていることが重要**である。

　目標管理は目標を設定し、その目標に向かい自分で自己統制・自己管理することが大切であるとする。われわれは、PDCAを日本人の創造とするが、深読みすればドラッカーは「C」（チェック）を、自らなすことが念頭にあると推測できる。**チェックの本質は自主点検、というのが筆者の長らくの見解**だが、ドラッカー自身もそう述べているわけだ。

　PDCAのチェックの基本は、自己チェックである。自己管理の徹底は、日常活動を通じて問題を解決する。トラブルが起きたような発生型の問題はもちろん、設定型の問題においても、PDCAを回すことが問題を、発見、設定することに役立つ。またその問題の解決につながる。ところがわれわれは、ついつい自主点検を怠ったり、処置（「A」）を忘れて、問題を解決しないままにしてしまうのだ。

　下のヘンリ・フォード一世に対するものの見方も辛辣である。フォード社が世界一の座を失う原因は、フォード一世のものの見方にあったというのである。これはなにも経営者だけのことではない。問題解決をすすめる職場の管理・監督者への警句である。

　管理・監督職、そして職場の全員が「ヘルパー」化すれば、けっして問題は解決しない。全員に当事者感覚、当事者意識が欠如すれば、問題は残されたままとなる。当事者意識は英語でいう「オーナーシップ」の略であるが、問題を他人ごとにして行動してはダメなことは自明である。

「あなたの問題」は「会社全体の問題」

●●●●●●● 問題の共有化が"全員経営"をすすめる ●●●●●●●

諸問題の解決で

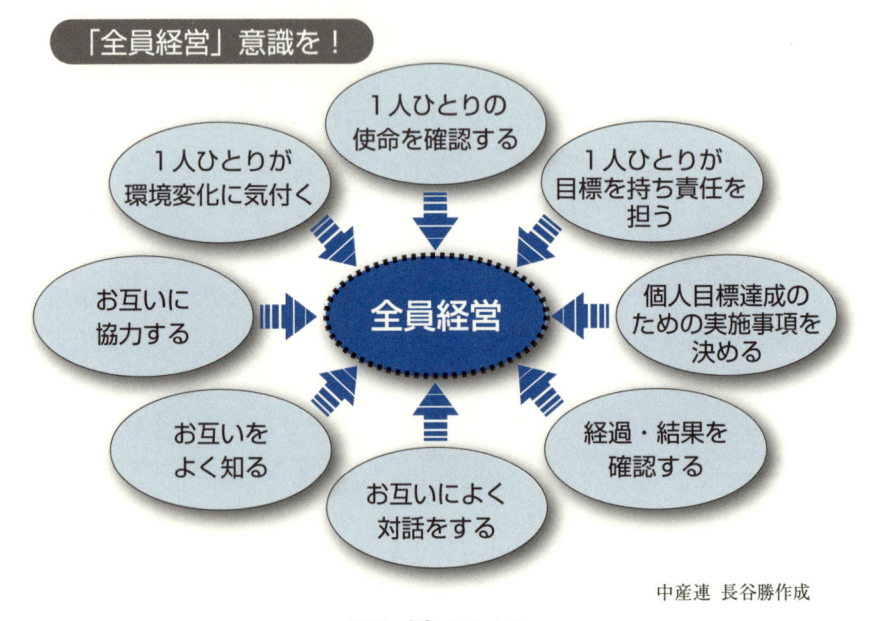

「全員経営」意識を！

- 1人ひとりの使命を確認する
- 1人ひとりが環境変化に気付く
- 1人ひとりが目標を持ち責任を担う
- お互いに協力する
- **全員経営**
- 個人目標達成のための実施事項を決める
- お互いをよく知る
- お互いによく対話をする
- 経過・結果を確認する

中産連 長谷勝作成

語り継ぐとは

| 大野耐一 さん | 日野原重明 さん |

※自動車関連会社でも、大野さんを語り継いでいない。大野さんがカンバン方式をヒラメイた話など、まさに目から鱗なのに。また日野原さんを知らないというのは、あまりに忙しすぎて、仕事以外に目が行かないことを表していますよ！ そういう人がボケます。

あなたの問題は職場の問題だ、そしてそれは会社全体の問題なのだ。けっしてあなた個人だけの問題ではない。しかし、このような「問題の共有化」がすすまない。全員の知恵だしによる問題解決がすすまない。

　職場の全員が、業務遂行あるいは問題解決にあたっての主役であり、全員が「経営者感覚」や当事者意識を持つ必要がある。中産連では、「全員経営」の推進を提唱している。このような考え方は、TQC・TQMの時代では共通認識であった。それが、デフレ経済下で個人の責任を問いかけている間に消えてしまった。

　全員経営とは、全員が環境変化に気づき、個々人の使命を認識し、1人ひとりの目標をきちんと設定し、目標達成のために実施するべき具体的な項目を明確にして、責任を持って、遂行にあたろうとするプログラムである。このために対話をして、たえずコミュニケーションをとり、協力・協働して目標達成しようとするしくみ・しかけである。

　研修会や会議にあたって、模造紙にまとめを作成する経験をお持ちだろうか。かつては比較的、共通の方法だった。最近の会議では電子白板が当り前となり、模造紙を使う機会が減った。その模造紙を作成した後が問題である。ある研修会で、模造紙でのまとめを指示した。参加者たちは、書いた模造紙を机の上に置いたままにして、グループワークが終了したと、手持ち無沙汰にダベッていた。

　つまり、**受講生はなぜ模造紙に作成するかの目的を考えていないのだ。模造紙を作成すれば、当然その後模造紙を壁に貼り、発表するということに考えが及ばず、もう作業は終わったと考えてしまっていた。**もちろん受講生は、比較的若い30歳前後の層である。筆者は「当然」と書いたが、彼らにとっては当然ではなかったのである。

　このような経験が多くなりつつある。若手は研修会の経験がないから知らないではなく、次にどうしたらよいか、と問いかける機能が弱まっていることに愕然とするのは、筆者だけではないはずだ。コミュニケーションを全社員でとり、手法や技法の共有化を図り、自社の歴史や原点を語り継ぎ、全員経営で問題解決を推進していただきたい。

平均的な社員の動機づけを

●●●●●●●● 特別な層だけが問題解決者ではない ●●●●●●●●

平均的な層に焦点を合わせて、問題を解決する

平均的な部下の底上げで、職場の問題は解ける

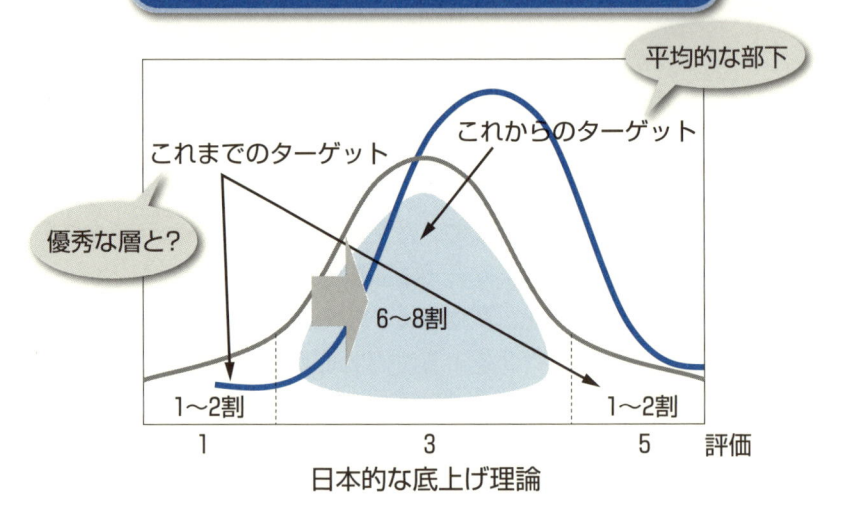

（図：正規分布曲線）
- 平均的な部下
- これまでのターゲット
- これからのターゲット
- 優秀な層と？
- 1～2割／6～8割／1～2割
- 評価 1　3　5
- 日本的な底上げ理論

BMP方式による『平均的な部下の動機づけ』

1. ある平均以上の業績を認め、なぜそれが注目されたかを説明する
2. 個人的な謝意を表す
3. 部下が仕事をするために、何かしてあげられることはないかを尋ねる
4. 部下がすべての仕事において、すぐれた行動がとれることを確信しているという上司の信頼を述べる

BMPの基本原則
1. 自信
2. 具体的事実
3. 能動的傾聴
4. 強化
5. フォローアップ

※左の1～4が、そのステップ（手順）。

問題解決にも、人事制度面からの問題点がないではない。その結果、全員による問題解決の停滞につながったことは否定できない。

　全員経営を阻害するのは、「成果主義」や「目標管理」という説がある。90年代以降のデフレ期に、新しい人事制度として採用された成果主義の人事・賃金制度や個人別の目標管理制度が、チームプレーに重きを置いた従来の日本型の経営に水を差しているというのだ。本格的な反論をここで試みるものではないが、ドラッカーの目標による管理についての原点（1003項）やこの項目における筆者の指摘を理解いただければ、筆者がこの考えに必ずしも同意しないのは理解いただけると思う。

　そもそも成果主義という外国生まれ（と説いた導入者たち）の口車に乗った人々に誤りがあった。**外国では、ダメな1割は首にし、上位2割に全経営資源を投入することが可能だ。日本的な全員の底上げ方式とは一線を画する。**また適正な目標を自ら設定し、それを評価に連動するのは理論上不可能ではないし、無意味でもない。むしろ、日本的な底上げ理論を日常で怠った管理職たちに問題があった。また筆者は、それを推奨した人事部や関係者たちにより疑問を呈したい。

　日本では、全員経営による品質向上や問題解決を推進してきたのに、「できの悪い者は辞めてもらえ」方式で問題が解決できると思ったのだろうか。**各種の問題は、第一線にいる担当者に解決させる以外に方法はないというのに、簡単に宗旨換えできると考えたのだろうか。**

　中産連では、もう約30年にわたってBMP方式で部下指導を説いてきた。その核が、この「平均的な部下の動機づけ」モジュールである。BMP方式というのは、生産性向上のためのモデリング学習理論をいい、このために基本原則と場面別のモジュールがある。

　平均的な部下の動機づけは、日常、可もなく不可もないごく平均的な部下への動機づけの基本である。そもそも、上司が部下に「何か手伝ってやることはないか」と聴くことがあるだろうか。このモジュールを使い、全社員を動機づけておくことが、問題解決にも出発点となる。このような形式で、全員経営を推進すれば、問題は解決できる。

3種類の問題解決を再確認する

•••••• 日常管理型、要因追究型、ビジョン設定型 ••••••

3種類の問題と解決の留意事項

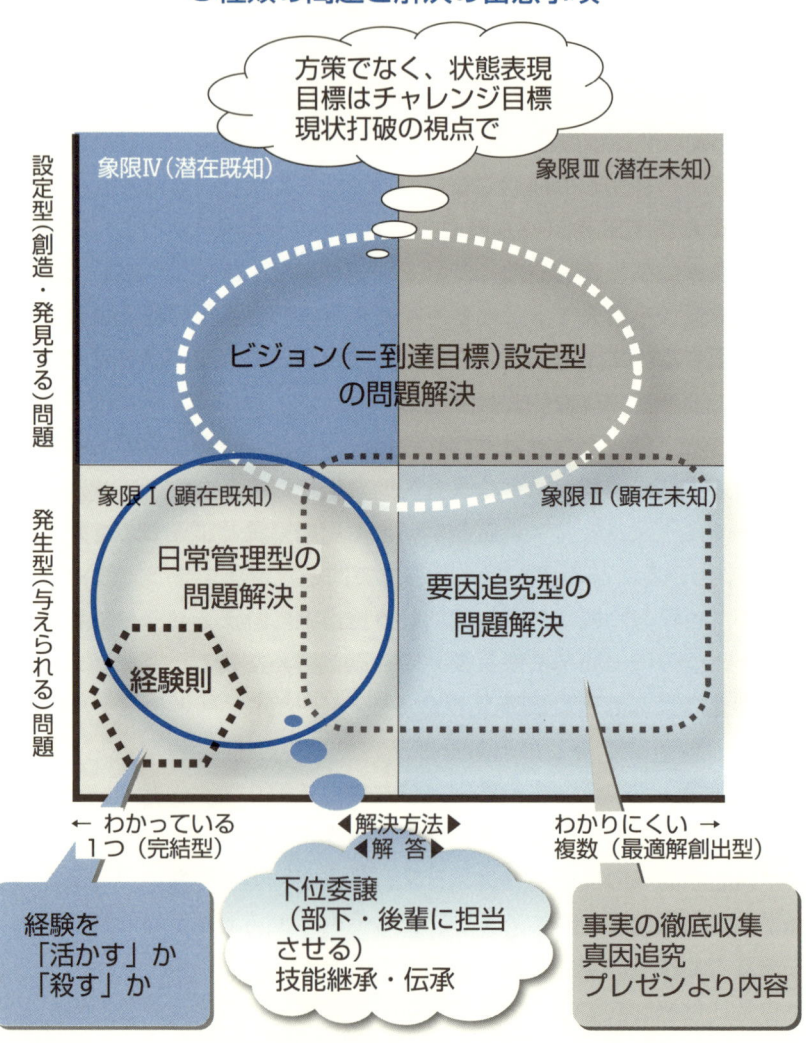

方策でなく、状態表現
目標はチャレンジ目標
現状打破の視点で

象限Ⅳ（潜在既知） 象限Ⅲ（潜在未知）

設定型（創造・発見する）問題

ビジョン（＝到達目標）設定型
の問題解決

象限Ⅰ（顕在既知） 象限Ⅱ（顕在未知）

発生型（与えられる）問題

日常管理型の
問題解決

経験則

要因追究型の
問題解決

← わかっている　　◀解決方法▶　　わかりにくい →
　　1つ（完結型）　　◀解　答▶　　複数（最適解創出型）

経験を
「活かす」か
「殺す」か

下位委譲
（部下・後輩に担当
させる）
技能継承・伝承

事実の徹底収集
真因追究
プレゼンより内容

本書では問題解決を日常管理型、要因追究型、ビジョン設定型の３種に大分類し、具体的には４〜６章にまとめた。ここで再確認してみよう。

　日常管理型の問題解決は、日々繰り返す定型業務などの改善が代表例であり、多分に経験則で解決できる。経験を活かすか、殺すかで解決結果が決まる。各種の問題に遭遇し、その解決に直面せざるをえなかった経験を職場の同僚などに、どう横展開、移転できるかが勝負だ。

　１人の経験を職場全体の経験に置き換えられるところは、強い職場といえる。せっかくの経験を葬ったり、殺してしまいかねないのが実態だ。日常管理型の問題解決は、できるだけ下に降ろし、部下や後輩に解決をまかせることが必要である。そうすれば、コスト削減にも貢献するし、経験の伝承・継承が可能になる。

　要因追究型の問題解決は、原因を探し、究めることが必要である。そして、真因を徹底的に追うことで問題を解決できる。中途半端な原因探しでは、問題は解決しない。まず事実を確実に収集する。現地・現物で事実を集める。"ホウレンソウ"を鵜呑みにしない。そして原因系統図なら、それだけに徹して、真因を突き詰めれば、問題は解決できる。

　注意するべきはプレゼン方法に欺かれて、事実や分析結果を見誤らないことだ。内容かプレゼンかは、いうまでもなく内容優先だ。どんなに凝ったプレゼンも、内容がなければ問題の解決にはつながらない。プレゼンがよいので、その解決案に同意することがないように。

　ビジョン設定型の問題解決は、現状より格段に高い目標を設定して、問題解決にあたるような場合だ。この到達点明示型の問題解決では、方策ではなく、状態をイメージすることが重点であった。加えて目標設定は、手堅さより、「そうなりたい」、「そうありたい」意志を優先することに注意したい。いうならば、チャレンジ目標の設定のようなものだ。

　ビジョンを描くにあたっては、達成したかどうかを人事評価には加えないという企業もあり、これはチャレンジ目標という性格からすると正しい扱いである。いずれにしろ、問題解決後の姿をイメージするのは、現状を直視し、打破するきびしい眼差しが必要といえる。

「3人寄れば文殊の知恵」の実現へ

1人の天才に頼らず、集団創造で

人材活用の焦点

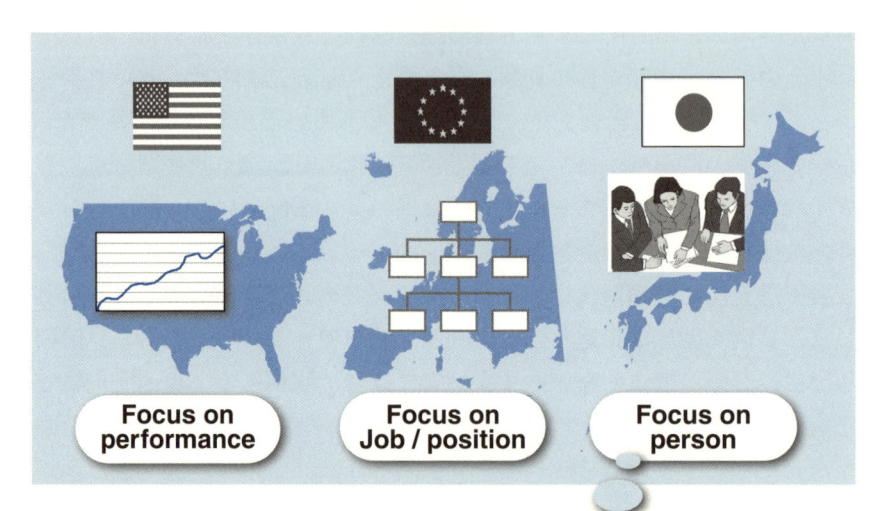

| Focus on performance | Focus on Job / position | Focus on person |

※ 外国人でさえ、日本の源泉を「人」だとするのに、われわれは人を活かすことを、この20年間、怠っていなかったか？

「ものづくりは、人づくり」から、

> 人づくりは、問題解決の王道

組織的な「問題解決」の学習を

左ページに掲げたのは、ハンガリー人経営コンサルタントが筆者に送ってくれた人材活用の焦点である。**日本は「人」、米国は「業績」、これに対してヨーロッパは「職務・職位」と実に的を射ている。外国人は、1980年以降、当時、勢いのあった日本をよく学習していたのである。**

　他方われわれ日本および日本人は、90年代以降、目前のデフレに追われ、他国の学習や先を考えることを怠ってきた。80年代までの先行はすでに追いつかれ、追い越されているのに気づかず、今日を汲々として生き抜くことにだけに目を向けてきた。その間に、組織的な学習のしくみさえ捨てた。自家薬籠中のものとしたQC 7つ道具ですら。

　問題解決について、新たに多くを学ぶことが期待される。組織で問題解決を学習する必要がある。問題解決のための新たなしくみ・しかけが必要とされている。共通の手法・技法や、ものの見方・考え方が問いかけられている。IT技術のように世界共通なものではなく、われわれ独特で他をしのぐものでなければならない。

　たぶんそれは、**"花より実をとる"ようなものと思われる。見かけではなく実質を尊ぶ、問題解決を推進できるしかけであると思われる。答えの1つは、明らかに集団創造の世界にある。**われわれの強みは、1人の天才による創造ではなく、複数の凡人による集団的な「日常」創造の世界にある。たとえば「3人寄れば文殊の知恵」の世界である。

　また、発明や発見ではなく、それを現実に移しかえる技能や工夫、そのための知恵にある。これこそが、"花より実"の世界といえよう。1人の天才を生むわけではないが、新しい世界を何人かで創りだすところに、われわれの本領があるはずである。意識ではなく、行動できることにこそ、われわれの強みがあるのではないのだろうか。

　仮説検証より「意志」の世界に強みがある。仮説検証は行ないながら、歩きながらするのが、われわれの流儀ではなかったのか。問題が生じたら、その時点で修正を加えて、より高みを追い求める。そんな行動様式をけっして捨て去るべきではない。むしろ到達、達成しようとする強い意志こそ、忘れるべきではない。ここに設定型の問題解決のカギもある。

10 二律共存・両立で問題を解く

"Do more with less" から「活創」へ

●●●●●●●●●●●● 新たなる問題解決の始まり ●●●●●●●●●●●●

新たなる挑戦、問題解決は続く
「教育」の面では、以下のような取り組みが問われている

教育・訓練の現代化

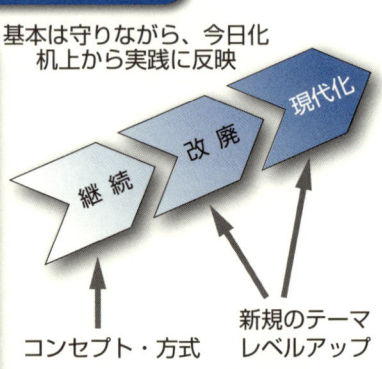

基本は守りながら、今日化
机上から実践に反映

継続 → 改廃 → 現代化

90年代までの教育 → 21世紀の新しい教育

コンセプト・方式
新規のテーマ レベルアップ

役員級の教育訓練も必要である

～真の「経営者」の養成～

プロフェッショナル経営者としての認識を醸成し、責任を果たす

・世界の中の日本の認識
・経営哲学を持ち、それを実践できる力
・企業価値向上力
・事業戦略・企業戦略の構築・見直し力
・明責任力・透明性向上力
・法的責任

日本的なものの見方の原点は、標題の「少なきをもって、より多くを」の節約・節減方式にある。 資源の少ないわが国では、この哲学、刻苦勉励の精神は長らくその根底をなし、よく機能してきた。だが1970年代の高度成長期以降、その精神はいよいよ死に絶えようとしている。

　反面、この考え方は「モッタイナイ」精神とも根源を同じくして、環境重視の現在において、再度、重要性が高まっている。けっして捨て去られてよいものではない。元来日本の国は、すべてにやさしい国である。とりまくすべての環境に配慮し、リサイクルを根底とする考え方は、もう１千年以上も根づいているのである。

　これは、実質を問う質実剛健の考え方とも合致している。表面で原因をなでる、求めるのではなく、本質を追究していく。 原因を突き詰め、真因を明確にしたら、打破策を考え、それを実行する。ここに真の問題解決がある。この考え方は、現在にこそ期待される見方である。

　15年の間で、この良き習慣が消えようとしている。表面的な原因追究に終わる。アイデアがでない。せっかく案出してもアイデアを実行に移せない。アイデアを活かそうという強い意志が腰砕けになってしまった。問題解決への情熱や意気込みが消えてしまったように見える。東南アジアの日系企業の従業者には、このような情熱が感じられるのに。

　われわれ日本人は、ある程度の飽満抱腹の結果、問題解決の必然性を感じないようになってしまった。実際「モッタイナイ」の精神も、外国人に見直されなければ、忘れ去ってしまうところだったのではないか。

　しかし現実の世界では、発生型の問題は解決できたとしても、新たなる設定型の問題解決に挑戦しつづけることが期待されている。多くの日本の企業が「オンリー１」を目指すとしているが、それこそ「潜在未知」の領域の問題解決が問われており、依然、われわれはいっそう困難な問題解決に直面しているといえるのだ。

　この挑戦は、突然変異だけに解決を期待するわけにはいかない。**われわれ自身が、「活性化」や「創造化」の各種の問題と悪戦苦闘しながら、解決のための最適解を見いださなければならないのである。**

問題を提起しつづけることの重要性

●●●●●●●● 設定や定義のなかに解決の本質がある ●●●●●●●●

新たなる問題解決にあたっての10カ条

1. 「いわれてから、やる」を卒業する
   職場や組織全体の問題は自分の問題だ、自分で解決せよ。

2. 「考える」きっかけをつかむ
   先を読む、まわりを観るで適切な比較をしながら問題意識の醸成を。

3. 「異質」を活かすこと
   変化は周辺から起きる。対立する考え方の本質を学べ。

4. 逆の立場で考え、行動する
   大企業なら中小企業の動きを見る、中小なら大手の動きを学ぶ。
   問題が見え、解決するヒントを見つかる。二律背反を活かせ。

5. 考えたことは、必ず実行する
   実施されない問題解決案ほど無意味なものはない。

6. 原理・原則に忠実であること
   場当たり的な対応に終始しない、困ったら原点・源流に帰る。

7. 「組織」を動かして、結果を出すこと
   自分だけ考え、すぐ行動しても余波は限られる。
   集団創造でアイデア出しすれば解決策は見つかる。

8. プロセスを重視してこそ、問題は解決する
   要因追究型、ビジョン設定型の問題解決に分け、その手順に従う。

9. 責任をはたし、きちんと成果に結びつける
   当り前に「なすべきことをやれば」、結果はついてくる。

10. 行動を変えれば、意識も変わる
    われわれは、簡単に意識を変えられる賢人ではない、一般的には。
    まず行動を変えれば、後から意識も変わる、問題も解決する。

筆者は、これまで主に人事諸制度や経営計画策定に関わるコンサルテーションに従事してきた。この間、人事制度は10年間は維持できるようなものが良い制度だと先輩に教えられながら経験を積んだ。筆者が一人前になったのは、成果主義的な色彩が強くなる前の時代だった。

　この15年、人事制度は激変し、導入した制度は何度か変更を余儀なくされる時代で、10年持つ制度であると同時に柔軟性を持つ制度であることが期待された。しかし先輩の教えを守ってか、筆者の関係する制度は、比較的、長持ちする制度であったと自負する。逆にいうと、時代変化に直結しない部分も大きかったことを認める必要があると思われる。

　企業の戦略策定にあたっても、筆者は時流に乗る戦略提案をせずに、むしろ時代に背を向けるような面が大きかったのかもしれないと思わないでもない。

　自らの経験から、問題解決を要約して左ページのような教訓をあげてみた。「なんと陳腐な」という声が聞こえてくるような気もするが、**要は内容より、確実な実行だ**。考え方や哲学ではなく、「もっとプログラムやステップを語ってほしい」という声も聞こえるが、**後者は前者の後に自然についてくる。採用ではなく、適用なのだから**。

　問題解決は問題の解決「方法」ではなく、問題の「設定」や「定義」にむしろ解決の本質が見えてくる。問題解決を急ぎ、問題点と解決案をセットで考えると、問題解決の形骸化につながるだけである。問題設定とは、問題の提起といってもよい。発生していなくても、問題をつくること、問いかけ続けることが最大の問題解決につながる。

　発生した問題をよく観ていると、ある特定の部署や事業部単位ではなく、広がりが全社におよんでいることが多い。地下の根っこの部分で、本質的な問題が存在するのだ。このような核の部分への洞察なしに、問題は解決できない。他部署のことを自分の問題と考えることができるか、一般論を自分のことに置き換えられるかが問題解決の分かれ目だ。

　衆知を集めて解決案を見つけだしたら、後は熟慮断行だ。実行に移せれば、問題解決までは近い。最適案が機能するはずである。

自分を知り、問題を見つけ、解決する

•••••• 新しい時代への対応が求められるなかで ••••••

ハードとソフト、何を伝えられるか

より大きな
より正の
(「負」ではない)

(ハード)

遺産 → 未来
 イメージ

現在

遺産 →
イメージ

(ソフト)

過去

何を受け継ぎ、何を残すのか

企業イメージ・「ブランド」として
諸活動は要約される

••••••••••• 環 境 変 化 •••••••••••

※「遺産」とは、より確固としたハード的なもの、「イメージ」とは、ソフトなもの。「企業イメージ」「ブランド」とは、それらの総称。

いったん失ったら、取り返しにくいものがブランドである。低価格や短納期に追われて、自社ブランドの重みや価値を見失っていることがある。**それほど、自分のアイデンティティや自社のブランドに目が向いていない**。カタカナ語の連発は、最終項目のためと、お許しあれ。

　逆にブランドの恐ろしさもある。ブランドにこだわり、本質を見失うことがある。表面だけに踊らされてしまっている。筆者の場合は、海外の日系現地法人の組織図を見て愕然とした経験がある。

　日本では現地化に成功していると評価される企業の組織図には、そうでない実態がありありと見えた。日本人は現地人の脇にサブとして配置されており、責任がない形になっている。他方、現地化に熱心でないといわれる企業の組織図には、現地人を総支配人として、権限も実態も現地化に成功している姿が読み取れた。

　このようにブランドにも二面性がある。現地化成功の企業は、日本人の育成のためにそうしているとするなら、評価できなくもない。その場合は、現地のコストはまだ高い、とは声にだせないはずだが……。

　本書では、要因追究型の問題解決に加え、ビジョン設定型の問題解決に重点を置きつつ、その解決には一見、二律背反に見える両者の共存・両立に問題解決のヒントがあることをまとめてきた。読者の皆さまには、本書が問題解決の定石をいまだ語っていないように見えるかもしれないが、これは本書の性格から来ているとしかいいようがない。

　筆者は、**真の問題解決のためにヒントやチャンスを与える、わざとむずかしいノックをする役割を演じているのだ**、とお考えいただきたい。読者諸賢が固定観念に挑戦し、問題解決のために考えぬき、行動につなげられるような役割に徹した、とお考えいただきたい。

　時代は依然として大きく、変化しつつある。かつての叱咤激励で上司がホットに問題解決を迫る時代から、明らかにウォームで心地よく問題解決を支援できる環境をつくるのが上司の役割という時代へとだ。上司は将来像やビジョンを明確に語り、標準化までつなげるような環境変化を念頭に、さらなる問題解決を期待するものである。

索 引

ア

アイデアだし 95
アウトカム 17
アウトソーシング 39
アクションラーニング 195
後工程はお客さま 65
後戻り 33
「ある」表現 121
あるべき姿 7, 25, 99, 115, 121, 145
委員会 159
意志 213
意識 121
維持する課題 33
一人前 181
逸脱タイプ 99
一般層 31
NM法 109
演繹 131
演繹的 115, 129
オアシス 77
オズボーンのチェックリスト 109
オンリー1 215

カ

解決案の作成 91, 95
解決策 5, 123
改善 63
改善・革新する課題 33
階層別 193
核メンバー 175

確立 55
仮説検証 213
課題 35
課題解決 15
カタカナ語 201
語り継ぐ 193, 207
価値観 121
活動計画 161
活動報告書 163, 171
活性化 29, 48, 149
ガバナンス 11
環境変化 53, 135
関係者 175
簡素化 109
監督職層 183
ガント・H 161
ガントチャート 161
願望 107
管理・監督職層 31, 37, 183
管理限界 99
聴く 145
既存既知 97
期待 26, 53
気づき 9, 133
規程 33, 41
帰納 131
帰納的 129
機能別 187
ギャップ 119
教育訓練 15, 193
記録 41
グランドデザイン 137

グループ　187
グローバル化　131
QCの7つ道具　169
KJ法　109
経営資源　17，81，97
経営者・経営層　31，37，137，167
経営者感覚　37，185，189，207
計画　69，75
経験則　135
決心　9
結合　109
原因　141
原因系統図　105，211
原価　79
権限　85，173
顕在既知　3，29，97
顕在未知　2，91，135，183
現状肯定　53
現状把握　91，93，103，145
現地・現物　59，103
現地化　219
検討　69，71，75
交換　109
行動　9，179
行動語　35，59
行動様式　213
効率化　29
五感　145
顧客　107
コスト　39，79
5W2H　73，87，115，125，161
コミュニケーション　13，21，83，189，207
米づくり　157
コンプライアンス　11，77，201

サ

採算確保　37
最適　101，215，217
最適解創出型　141，149
3K　79
産出　17
3ム　101
支援組織　97
しかけ　157
しくみ　13
自己管理　107
事実　83，93，103
市場価格　79
実施　69，75
質実剛健　215
次世代リーダー　183
支払能力確保　37
絞り込む　105
事務局　97，155，159
社員感覚　137，189
社会的な責任　77
ジャストインタイム　65
周囲　139
集団創造　213
集団的な問題解決　167
手段　101
障害物　115，119
小集団活動　159，195
少数精鋭　175
状態　117
状態表現　7，115，116，127，137
情報活用　185
処遇　15
職務記述書　173
処置　69，71，75

ショック　143
真因　5, 51
真因追究　105
人材育成　13, 15, 179, 197
人材開発　15, 179, 193, 197
迅速　99
推進事務局　165
水平展開　61
数値目標　117
隙間　85
ストック　57
スリム化　39
正解完結型　149
正確　99
成果発表会　171
制度　121
責任　53, 173, 189, 219
設定型の問題　3, 7, 25, 27, 81, 93, 113, 135, 213
セキュリティ　43, 77
全員経営　193, 207, 209
全員当事者　167
先見性　139
前後　57
潜在既知　7, 29, 113, 183
潜在未知　7, 29, 113, 215
戦術　123, 125
戦闘　125
戦略　123, 125, 131, 217
戦略策定　37, 151
戦略投資　31
創造化　29, 197
創造力開発　169
層別　175
阻害要因　115, 119, 147
組織　39, 139, 189

組織構成要員　39

タ

対策　5, 71, 107
タイムキーパー　163
タイムマネジメント　185
対処　25, 53, 105
打破策　123
多様性　57
チーム　157, 181, 187
小さなちがい　153
知識　87
中堅社員　181
中長期型　113
帳票　41
積上げ型　115
テーラー・F・W　161
提案制度　159, 165
定着　55
定例業務　31
適用　47
テスト　95
洞察力　139
当事者意識　27, 149, 207
到達目標　115, 117, 129
投入　17
特性要因図　105, 151
ドラッカー・P　107, 205
トラブル　25, 31, 53

ナ

流れ　57
ニーズ　139
ニッチ　85
日程化　123, 125, 169
日常管理　67, 75, 87, 135

日常管理型　211
二分法　157，174，189
日本版 SOX　11
二律共存・両立　21，145，197，201，
　　203
二律背反　21，131，201，219
認識　9
認知　9
農耕民族　129
納入遅延　65

ハ

廃棄物　77
廃止　109
発生型の問題　3，5，27，81，91，93，
　　101，113，135
バフェット・W　190
パラダイム　2
比較　9，95，153，201，205
ビジョン　7，115，117，127，139
ビジョンイメージ　127
ビジョン設定型　113，127，211
ビジョンづくり　7
必達　107
非当事者意識　137
人づくり　13，179
非日常型の問題　107
評価　15，183
標準化　71，97
表彰　171
ファイヨール・H　75
フォード・H　205
付加価値　39，85
複眼思考　145，151
ブランド　219
プレゼン　171，211

フロー　57
フローチャート　169
プロジェクト　159
プロジェクトチーム　107
プロジェクトマネジメント　87
プロセス（過程）　35
文書　83
文書化　41，95
変革　63
変革推進　91，97
報告　83，103，173
方針　41
方針管理　159
方針語　35，59
法令遵守　11
ホウレンソウ　211
本質　50，215
本質的問題　115，121，147，217

マ

マニュアル　33，41，47
マネジメント・サークル　75
マネジャー　185，187
マンネリ　143
未達タイプ　99
ミドルマネジメント　31，37
ムダ・ムラ・ムリ　63，101
目的　101，141，207
目標管理　159，205，209
目標値　107
目標の決定　107
モッタイナイ　215
問題　25，93，137，147
問題意識　9，27，93
問題解決　3，37，63
問題解決に対する熱意　49

問題解決のステップ　5
問題形成　93, 145
問題点　93, 147
問題点系統図　105
問題点の明確化　105
問題の核　51
問題の共有化　207

ヤ

役員　187
役職　85
役割　85
役割分担　69
優先順位　81
ゆとり教育　191
要因追究型　91
横展開　61

ラ

リーダー　185, 187
リスク　43
理想　145
量が質を生む　95

ルール　41
レバンス・R　195
レベルアップ　33, 113
連絡　173

ワ

ワーク・ライフ・バランス　191
わたしの責任　167

英

BMP　141, 209
CSR　10, 77
ECRS　109
Go and See for yourself　59, 103
ISO　69
OJT　169
PERT　161
PDCA　69, 75, 135, 159, 205
QCDSM　77, 79, 163
SWOT　151
TQC・TQM　5, 19, 167, 171
VICTOR　113, 131

■著者紹介

福山　穣　（ふくやま　ゆたか）

1955年生まれ。横浜国立大学経済学部卒業。現在、一般社団法人中部産業連盟理事・主幹コンサルタント。社団法人全日本能率連盟認定マスター・マネジメント・コンサルタント（J-MCMC）。

専門分野：経営計画、財務管理、業務改善並びにシステム改善、人材活用、マーケティング。

コンサルティング歴：大手・中堅企業100社以上にて管理職研修をはじめとする企業内教育およびコンサルテーションを指導。中長期経営計画策定から方針・目標管理、人材活用から業務改善まで、製造・販売・サービス業まで幅広く対応。

主な著書、論文：

『マニュアルの活かし方』(共著、実務教育出版　05年)
『こうすれば部下は動く』(共著、ピアソン・エデュケーション　03年)
『図表＆グラフのつくり方・使い方』(共著、実務教育出版　01年)
『実績・業績対応型人事システムのつくり方』(実務教育出版　01年)
『図解 マネジメント文書のつくり方・使い方』(共著、実務教育出版　00年)
『図解 ミドルマネジメントの仕事100』(実務教育出版　99年)
『会議の開き方・すすめ方・まとめ方』(共著、実務教育出版　97年)
『マニュアルのつくり方・使い方』(共著、実務教育出版　95年)
『シングルファイリングのすすめ』(共著、実務教育出版　95年)
『検証 日本の賃金』(共著、日刊工業新聞社　93年)
『オフィスワークをもっと^{2}改善する事典』(共著、日刊工業新聞社　91年)
『続・オフィスワークをもっと^{2}改善する事典』(共著、日刊工業新聞社　92年)
「21世紀にむけての企業内教育」(中産連50周年記念論文集　98年)
「しごとの適正化、標準化、マニュアル化をはかる」(88年　通産省産業政策局長賞受賞)
「生産財マーケティング体制づくりをすすめる」(87年　通産省産業政策局長賞受賞)
「職能給・職能資格制度の定着をとおし課題解決をすすめる」(86年　全能連賞受賞)

[連絡先]
一般社団法人　中部産業連盟（中産連）
〒461-8580　名古屋市東区白壁三丁目12-13
Tel：052-931-2980　Fax：052-931-5198
E-mail：Fukuyama.Yutaka@chusanren.or.jp

《オフィスワークの効・活・創Books》

チームで取り組む 問題解決の考え方・すすめ方

| 2007年6月10日 | 初版第1刷発行 |
| 2013年5月25日 | 初版第2刷発行 |

著 者───福山穣
発行者───池澤徹也
発行所───株式会社 実務教育出版
　　　　　東京都新宿区新宿1-1-12　〒163-8671
　　　　　☎(03)3355-1951(販売)　振替00160-0-78270
　　　　　　(03)3355-1812(編集)

組　版───株式会社タイプアンドたいぽ
印　刷───株式会社奥村印刷
製　本───東京美術紙工

検印省略©Yutaka. Fukuyama, 2007　Printed in Japan
乱丁・落丁本は本社にておとりかえいたします。
ISBN978-4-7889-0746-1 C2034

■■■ オフィスワークの効・活・創Books ■■■

人々がイキイキと仕事に取り組みながら利益を生み出していくために必要な実務ノウハウを、豊富な図解をまじえて解説。[A5判並製・本文2色刷]

シングルファイリングのすすめ
[ISBN978-4-7889-1782-8]

[新版] マニュアルのつくり方・使い方
[ISBN978-4-7889-1798-9]

会議の開き方・すすめ方・まとめ方
[ISBN978-4-7889-1727-9]

図解 ミドルマネジメントの仕事100
[ISBN978-4-7889-1765-1]

図解 マネジメント文書のつくり方・使い方
[ISBN978-4-7889-1776-7]

実績・業績対応型 人事システムのつくり方
[ISBN978-4-7889-1785-9]

図表＆グラフのつくり方・使い方
[ISBN978-4-7889-1791-0]

マニュアルの活かし方
[ISBN978-4-7889-0726-3]

チームで取り組む 問題解決の考え方・すすめ方
[ISBN978-4-7889-0746-1]